SAY MY NAME :

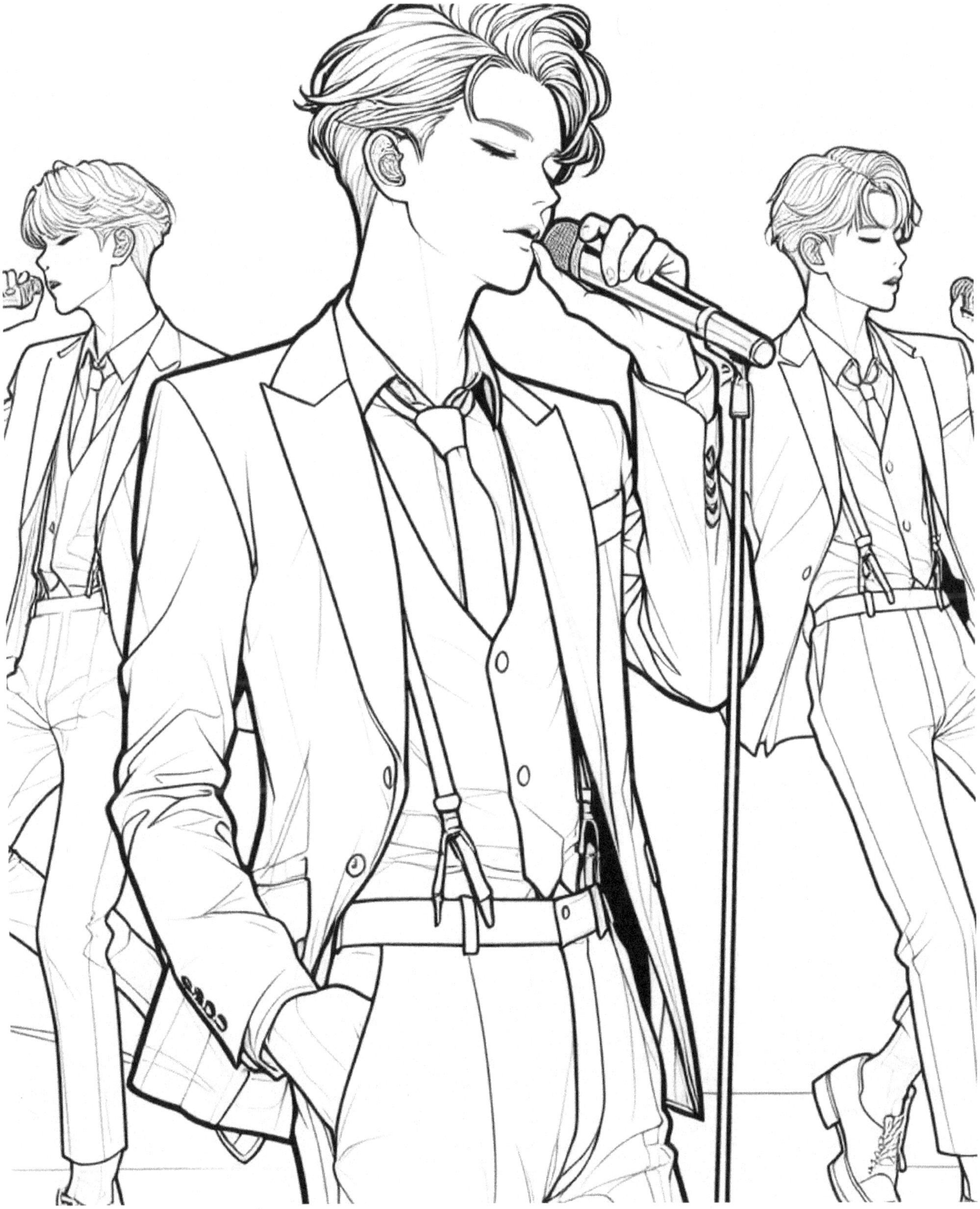

MY IDOL

SAY MY NAME :

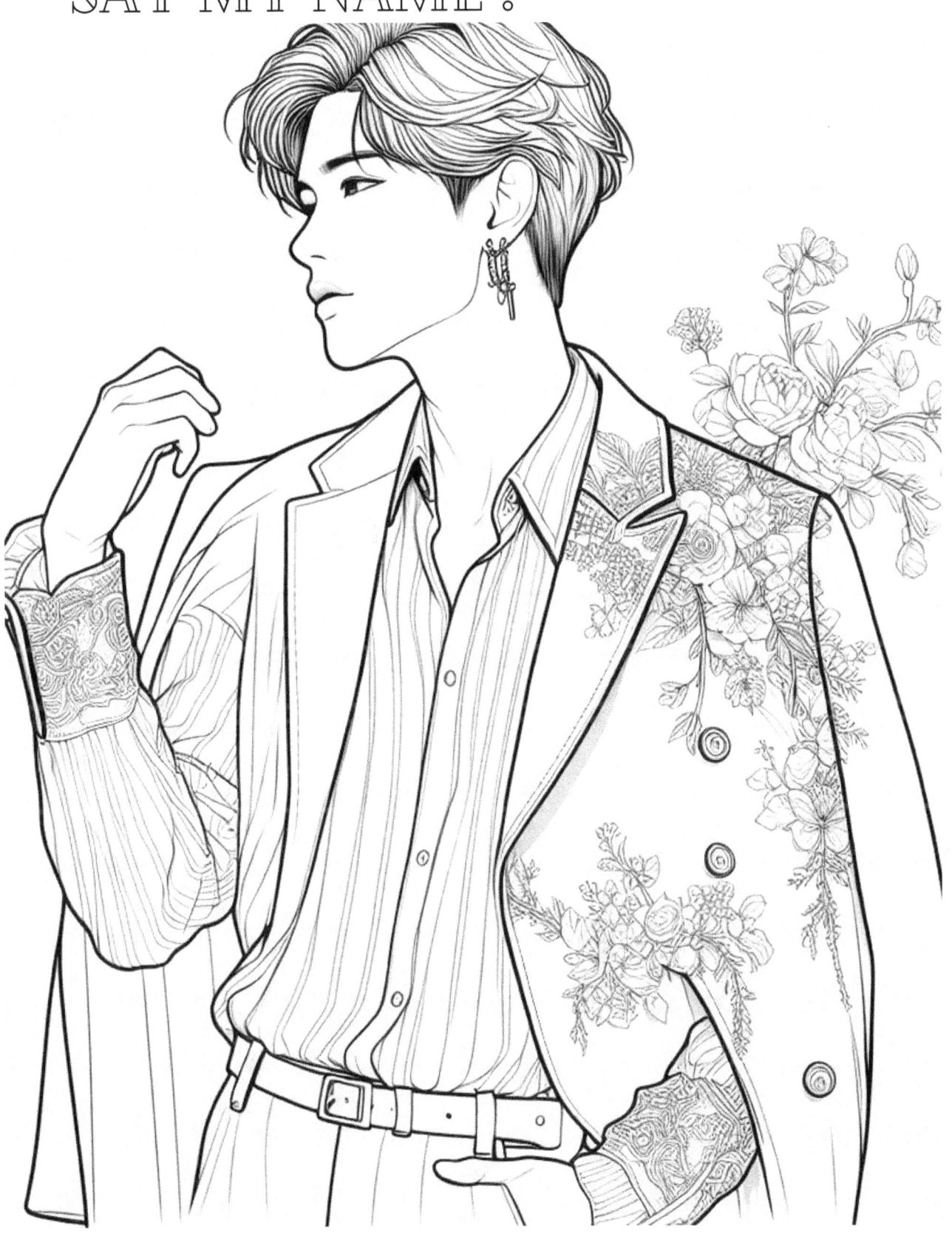

MY IDOL

SAY MY NAME :

MY IDOL

SAY MY NAME :

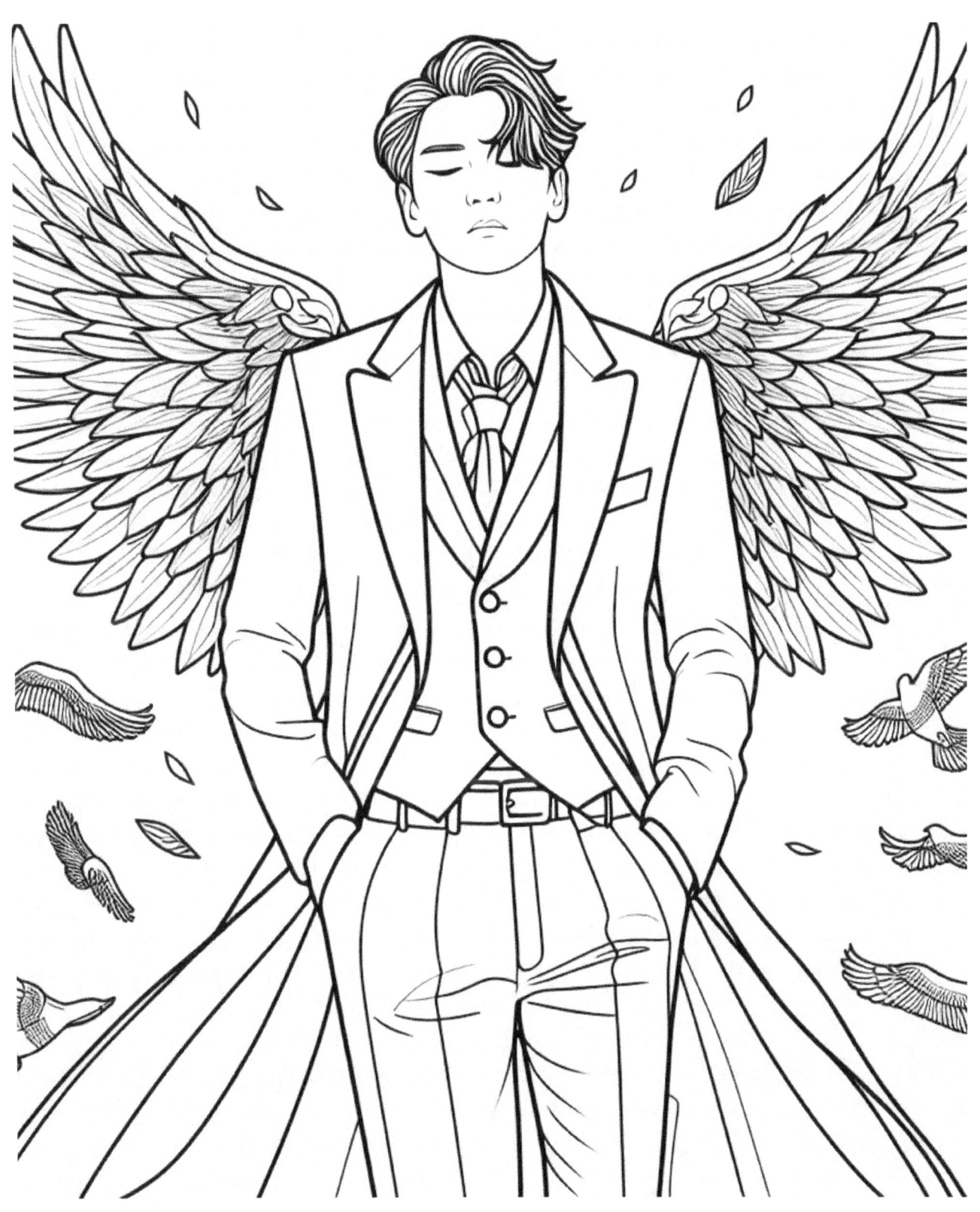

MY IDOL

SAY MY NAME :

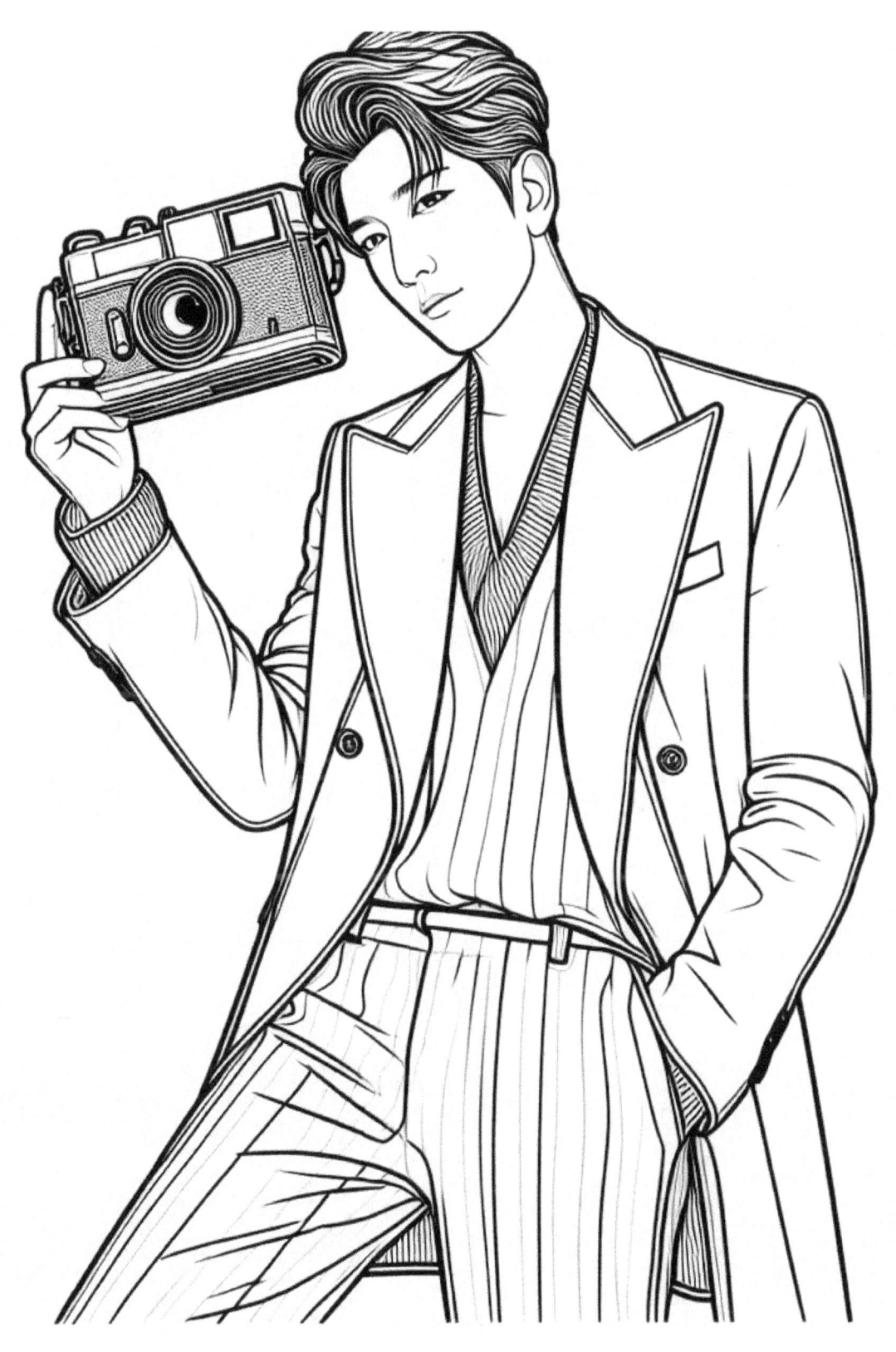

MY IDOL

SAY MY NAME :

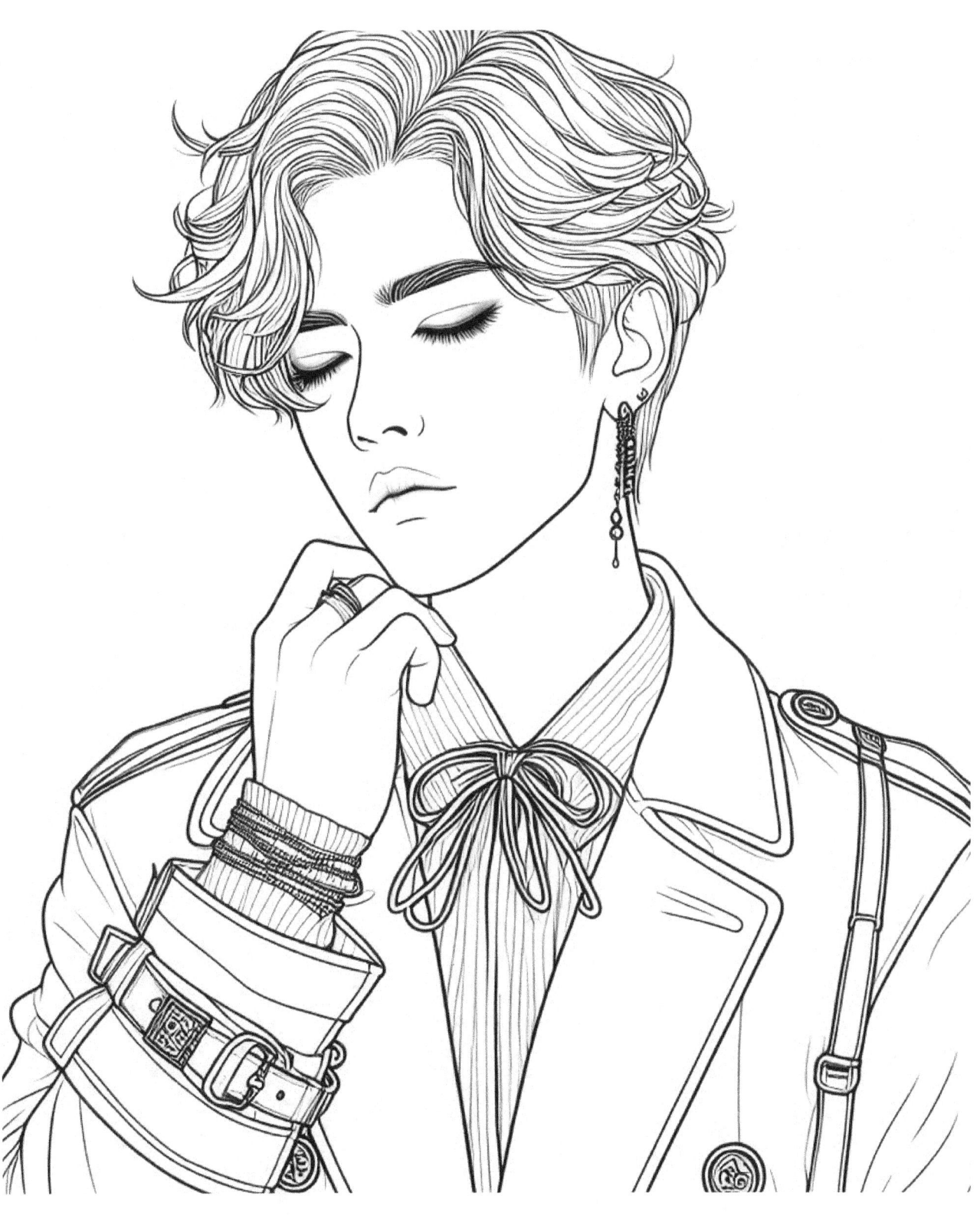

MY IDOL

SAY MY NAME :

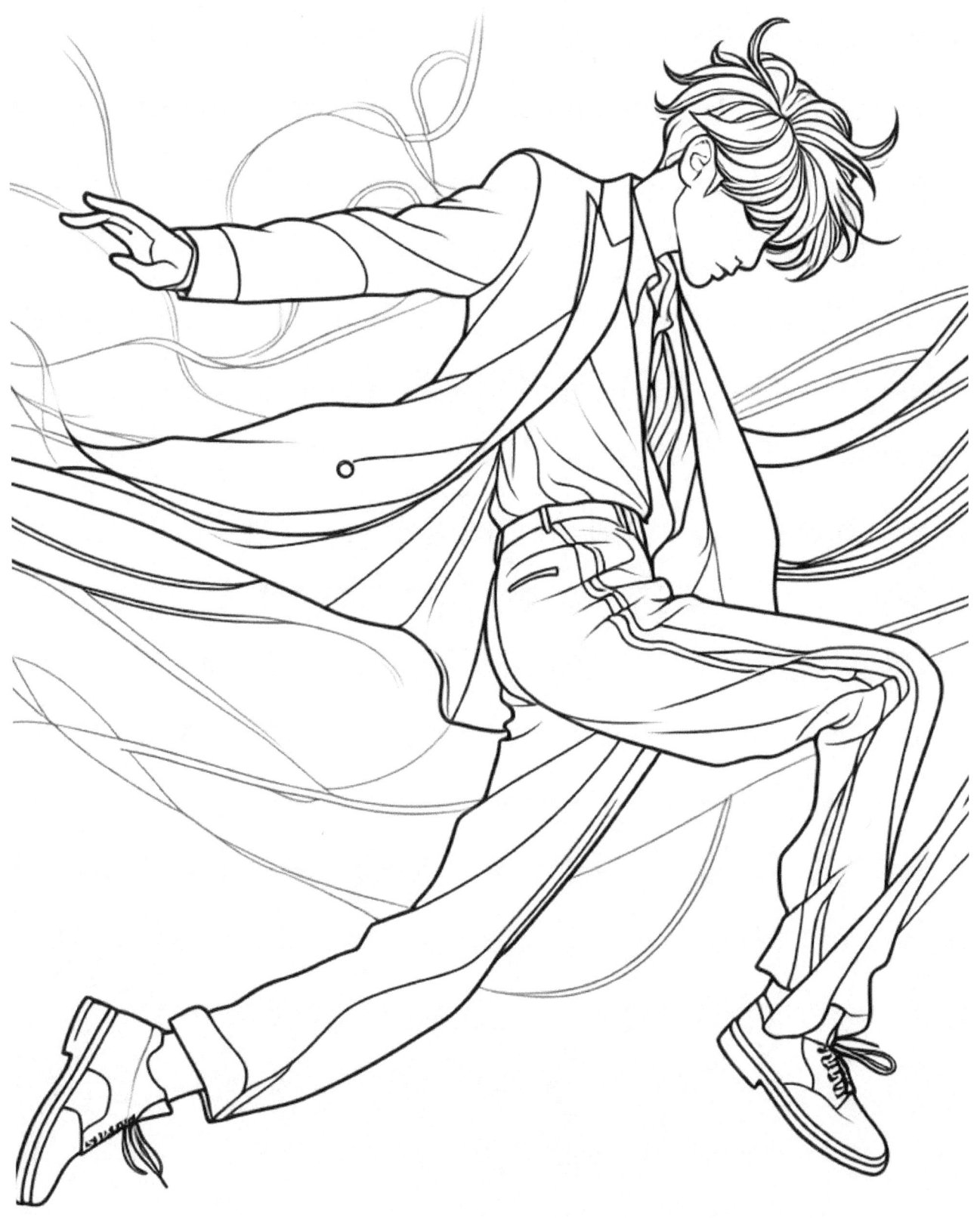

MY IDOL

SAY MY NAME :

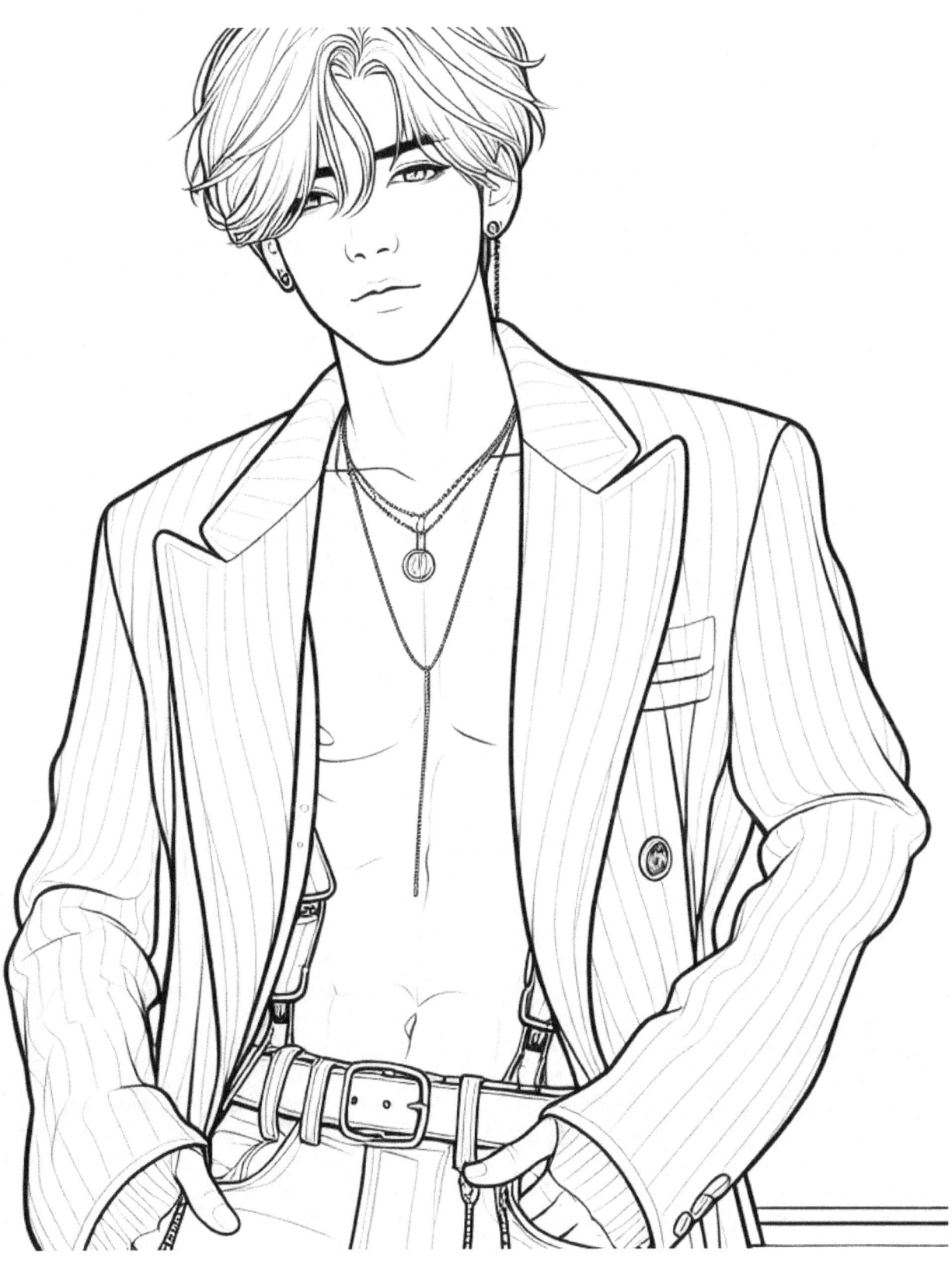

MY IDOL

SAY MY NAME :

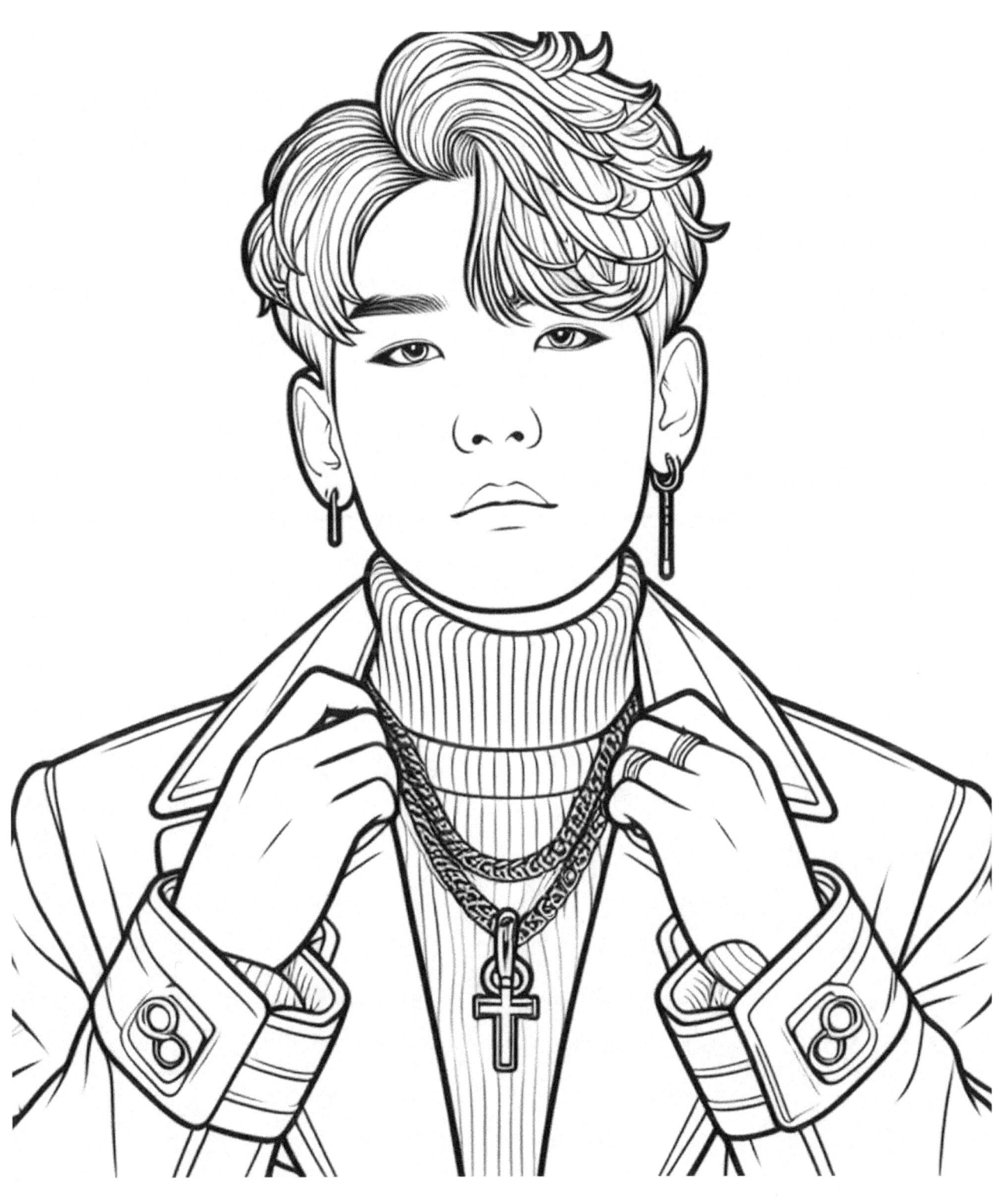

MY IDOL

SAY MY NAME :

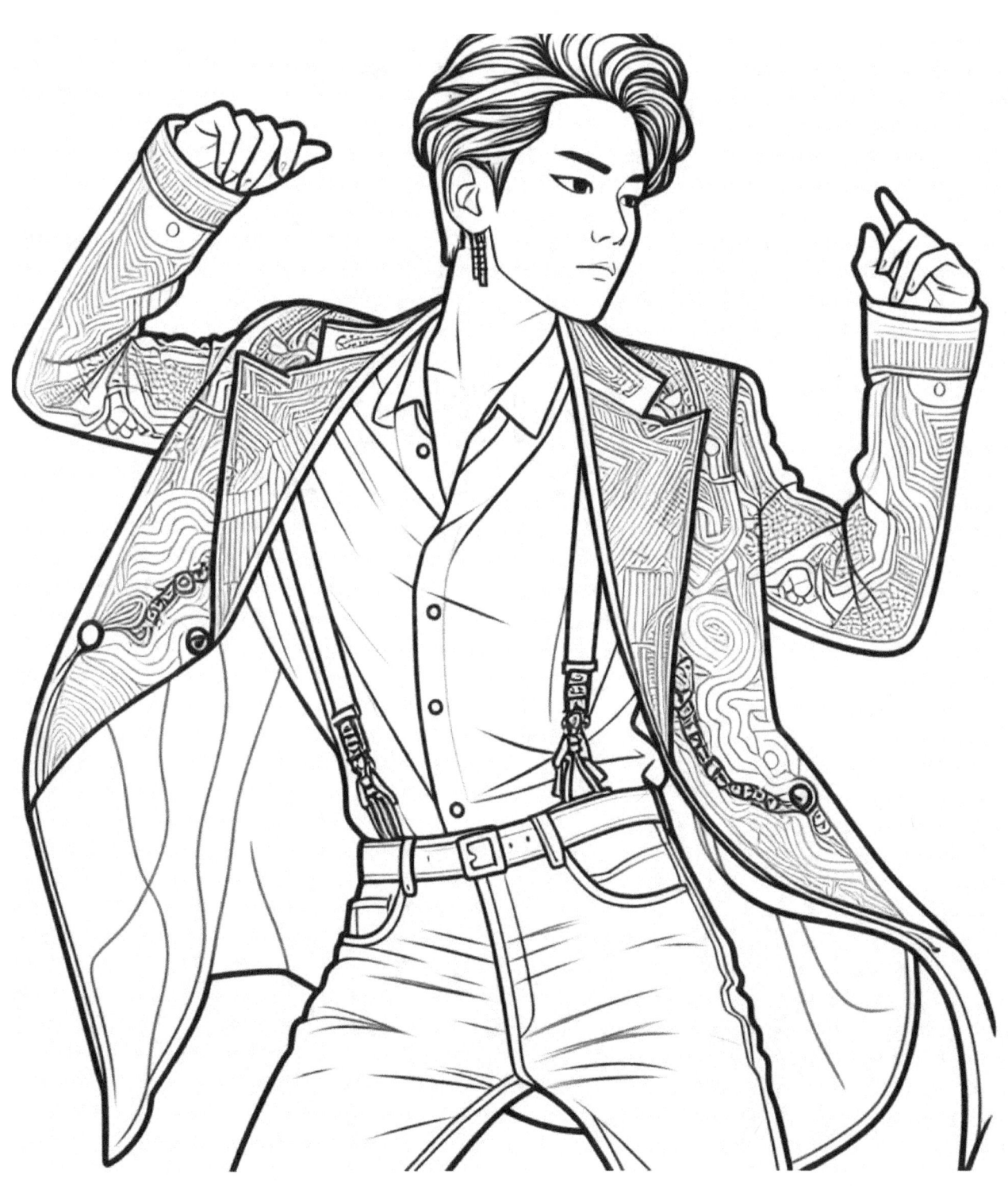

MY IDOL

SAY MY NAME :

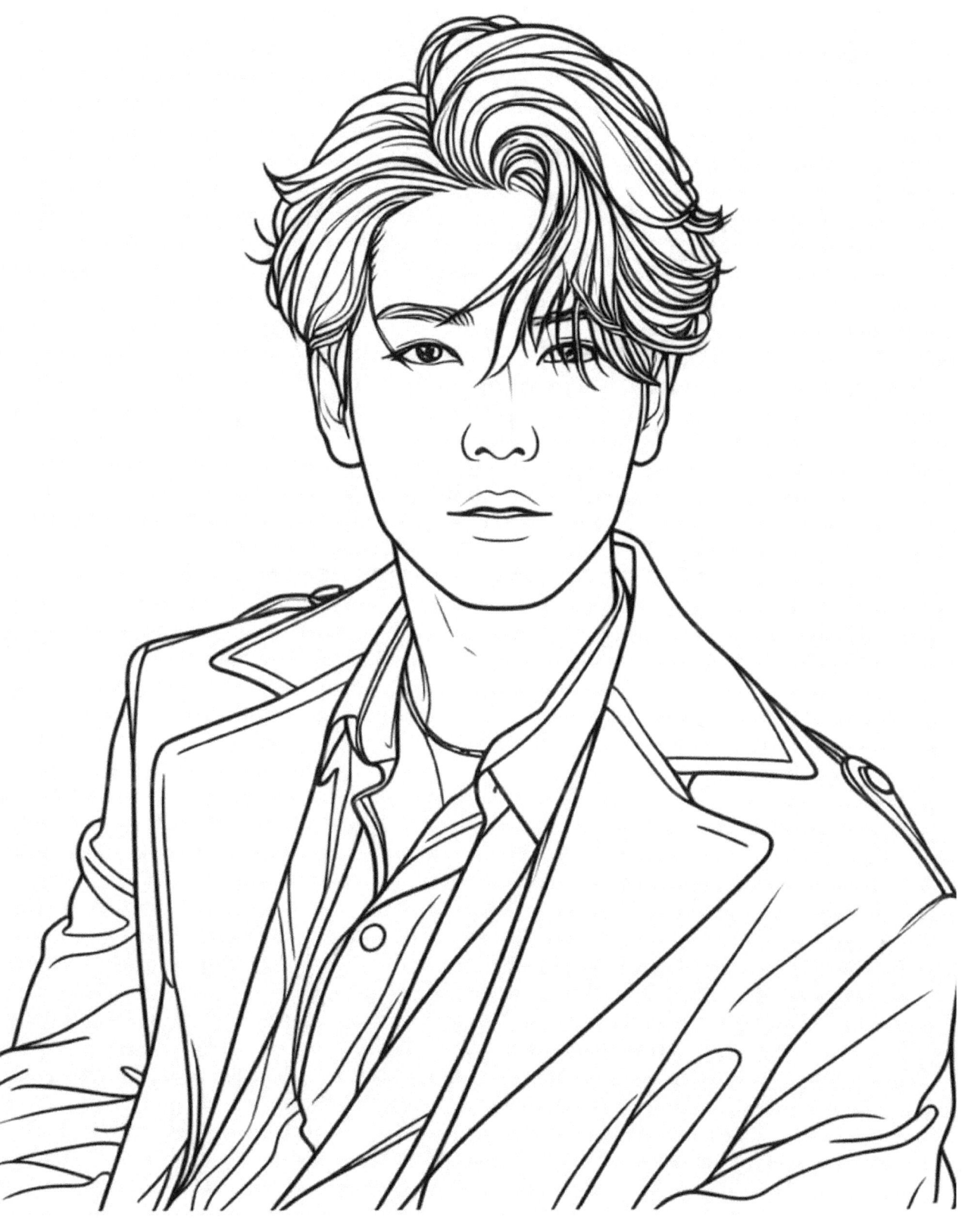

MY IDOL

SAY MY NAME :

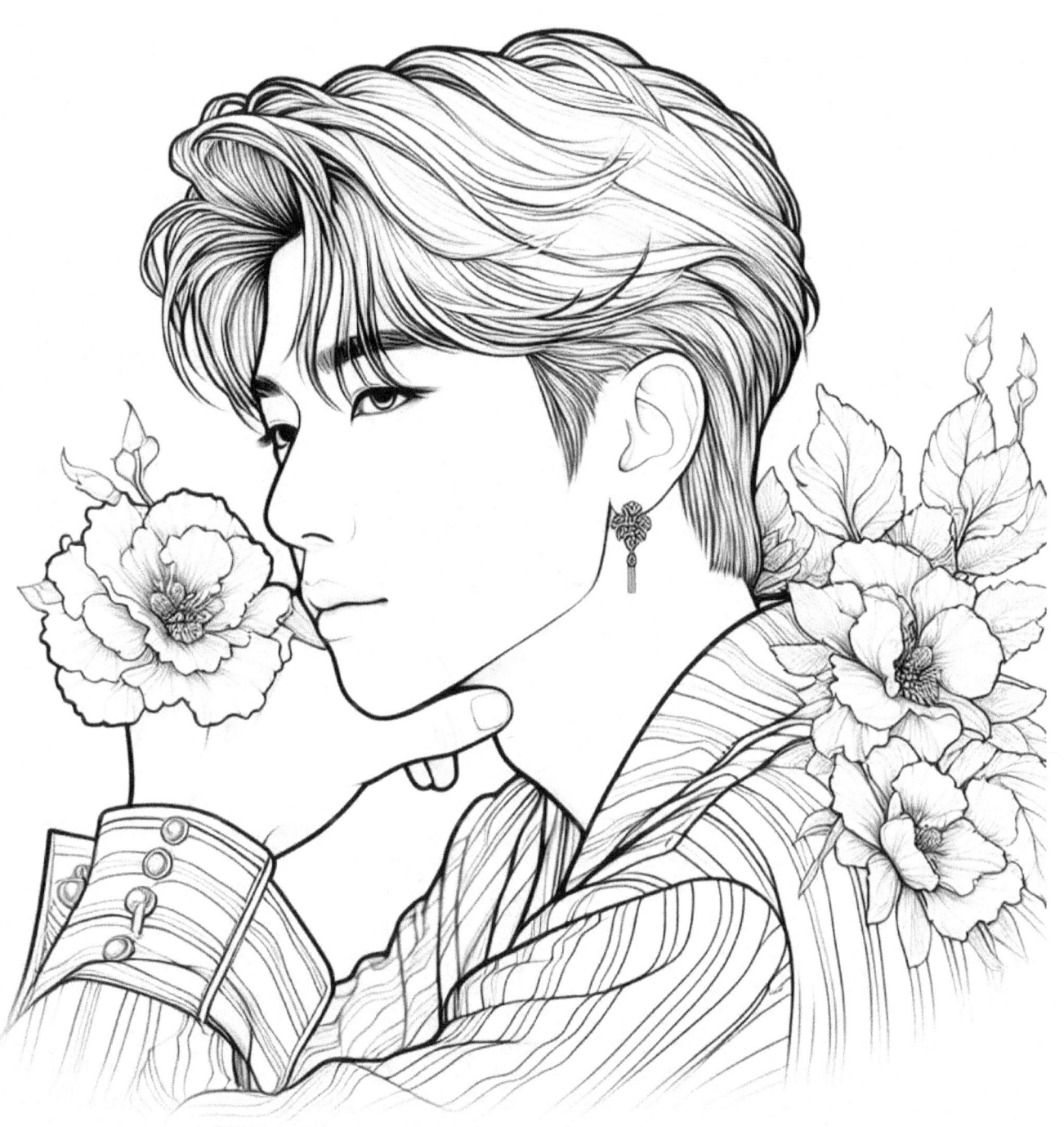

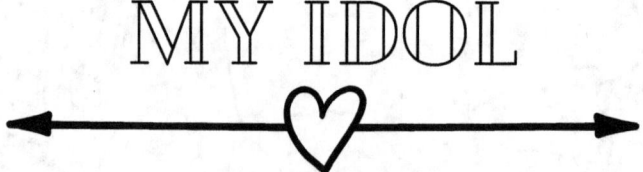

SAY MY NAME :

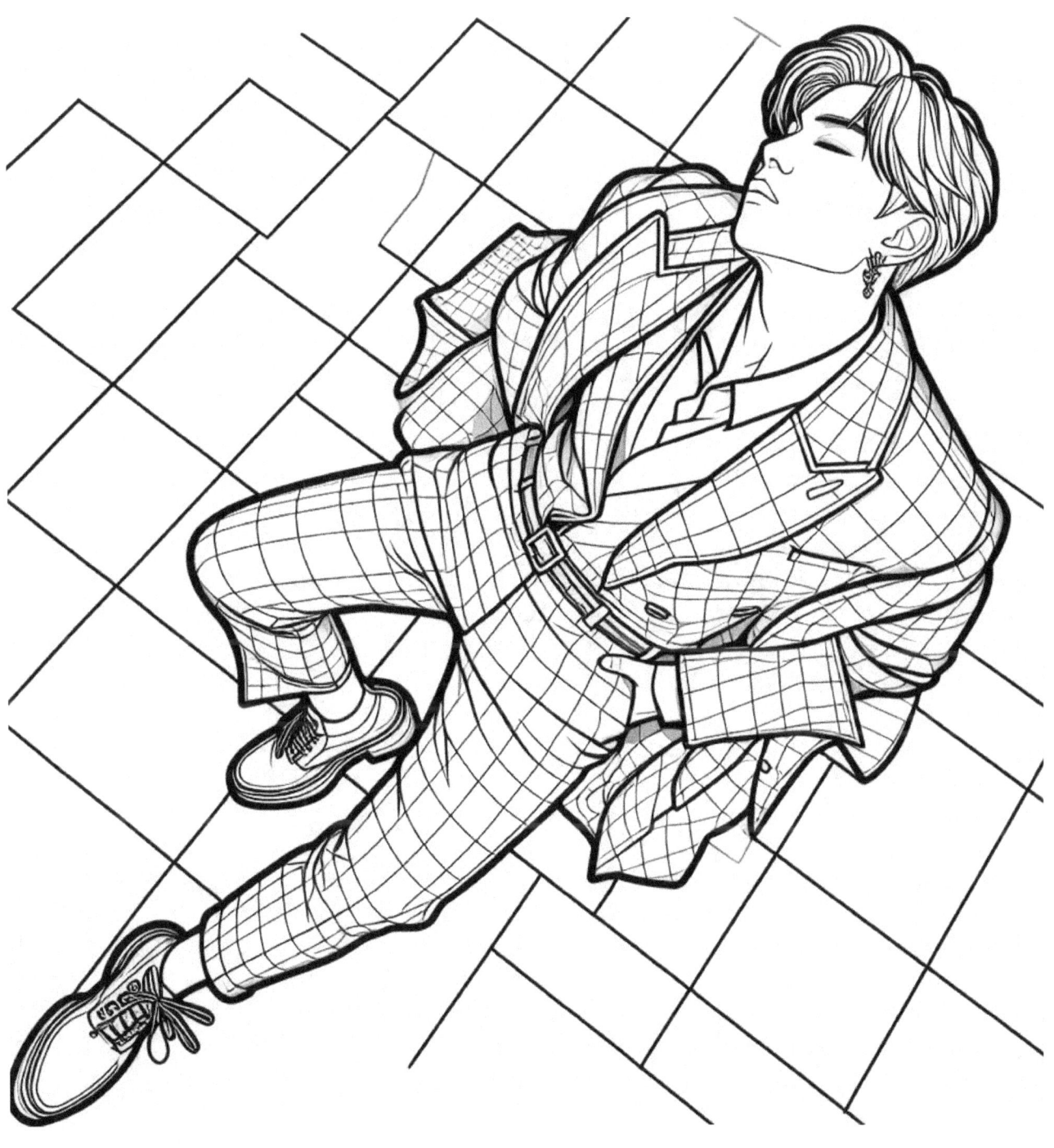

MY IDOL

SAY MY NAME :

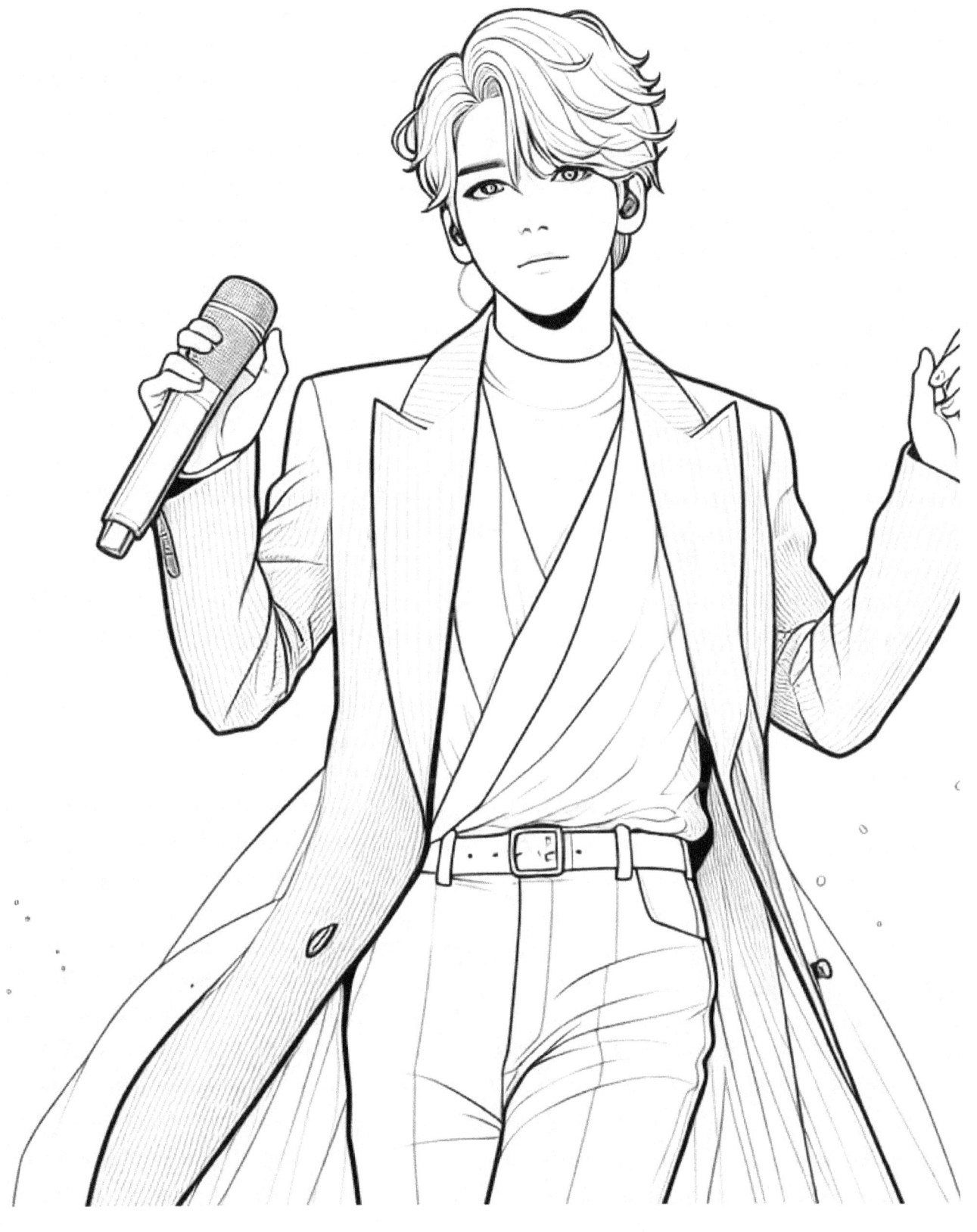

MY IDOL

SAY MY NAME :

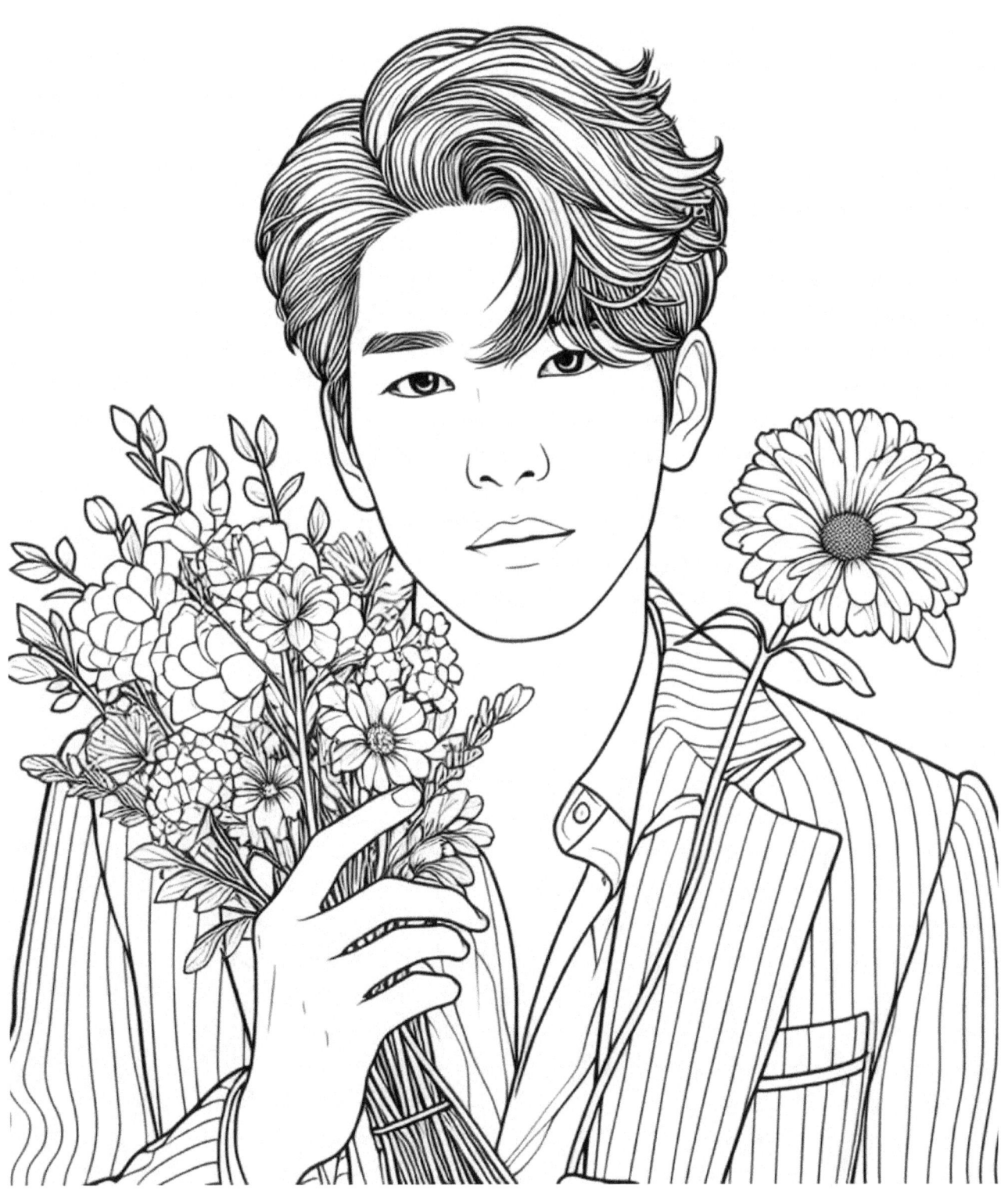

MY IDOL

SAY MY NAME :

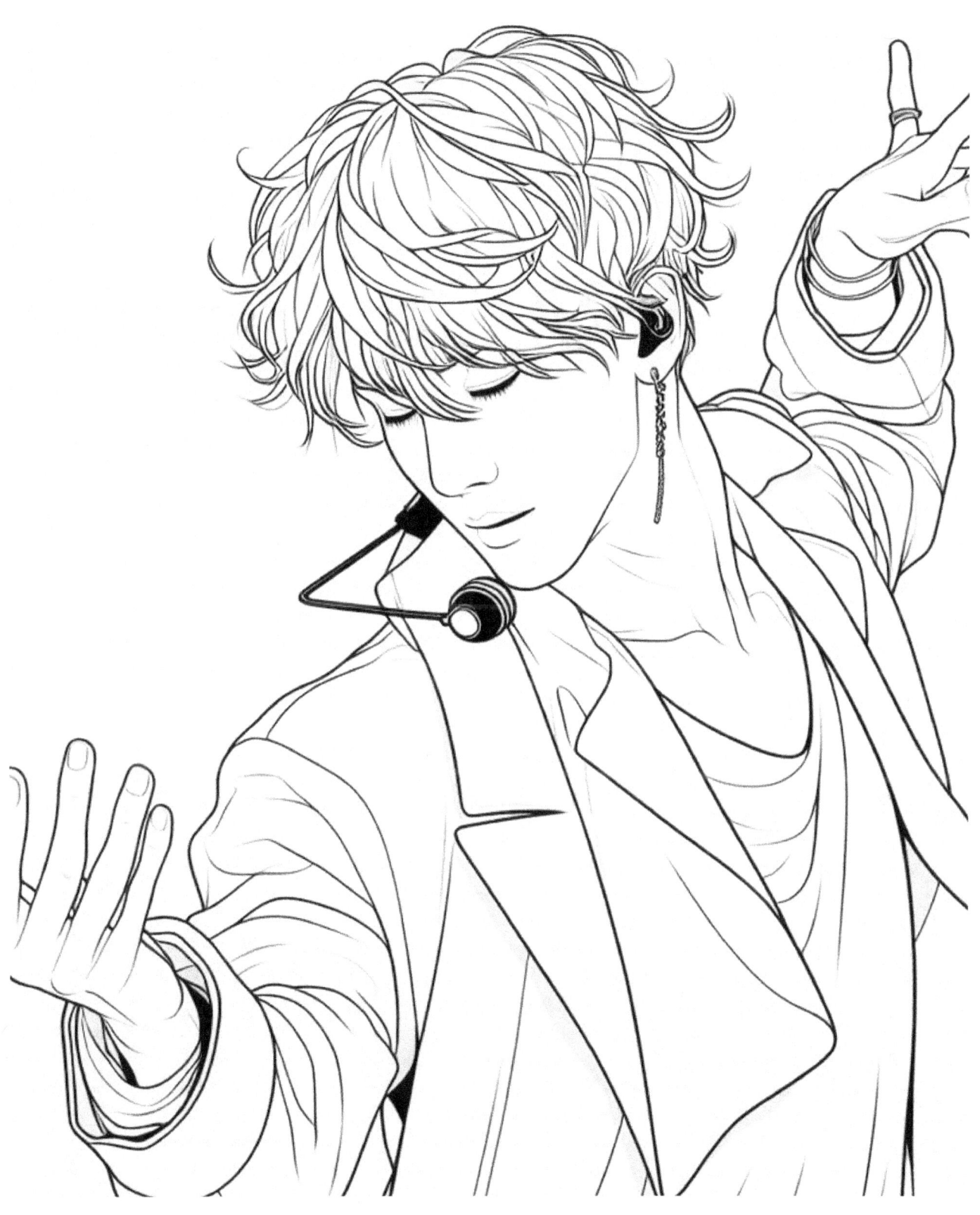

MY IDOL

SAY MY NAME :

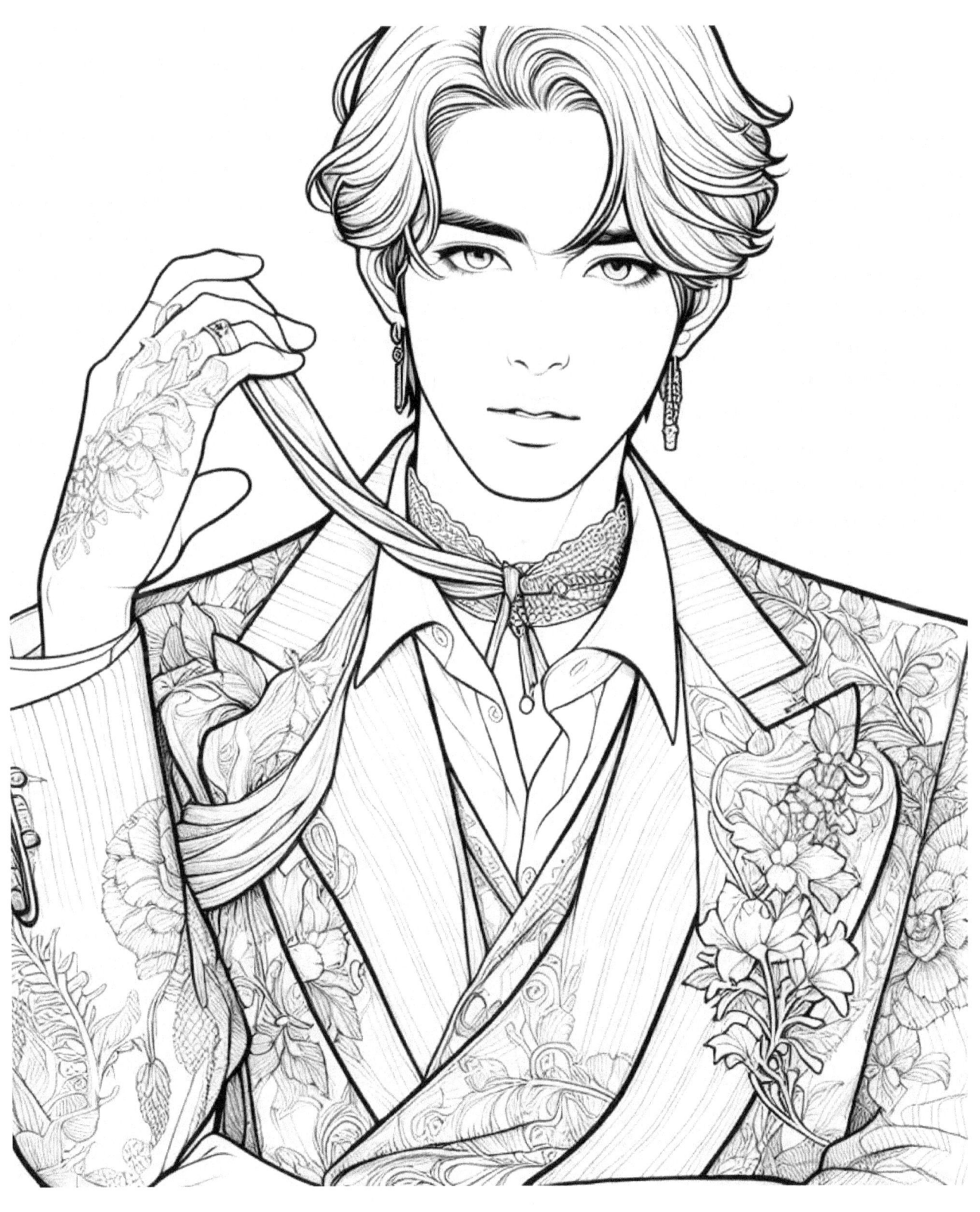

MY IDOL

SAY MY NAME :

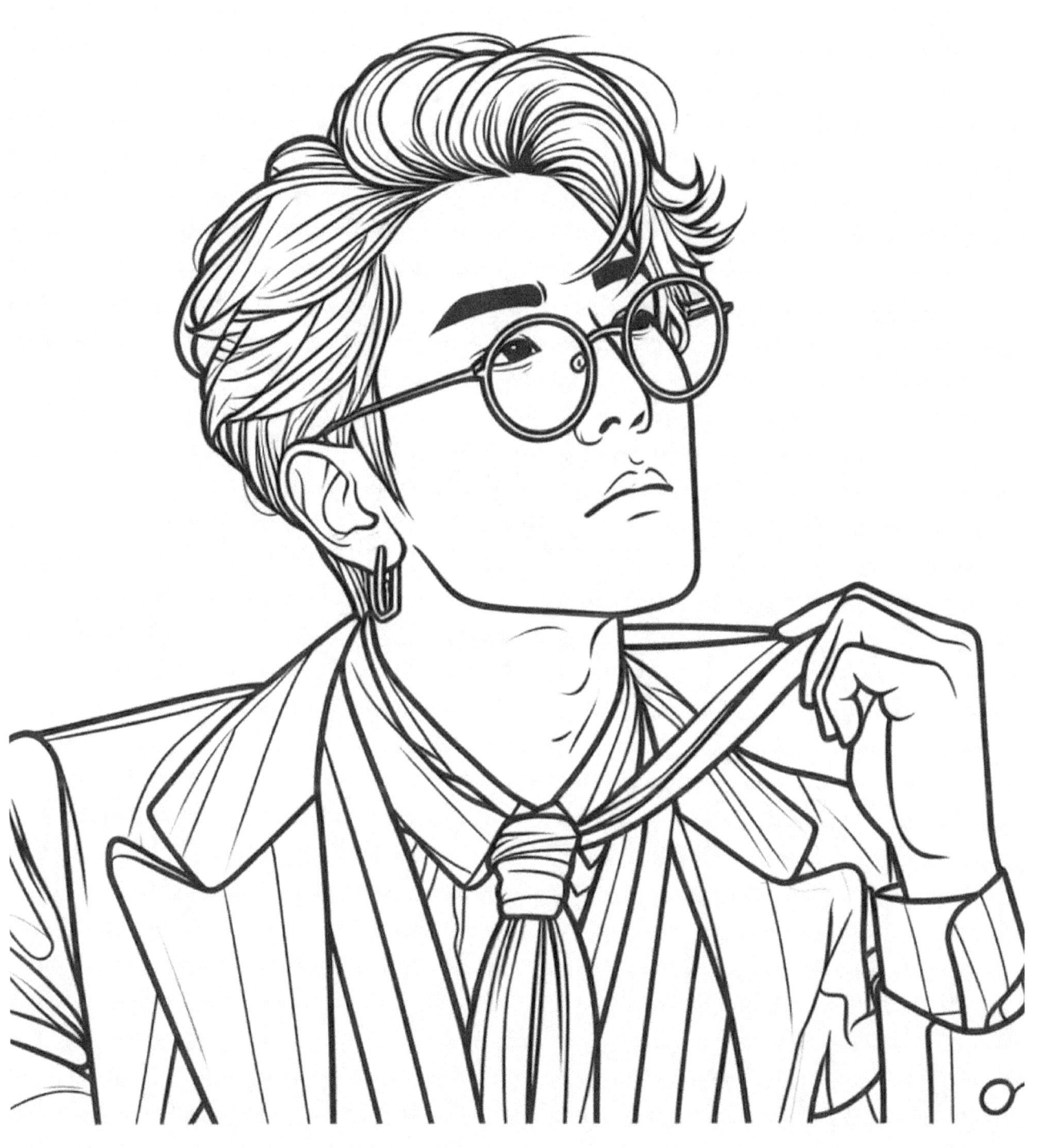

MY IDOL

SAY MY NAME :

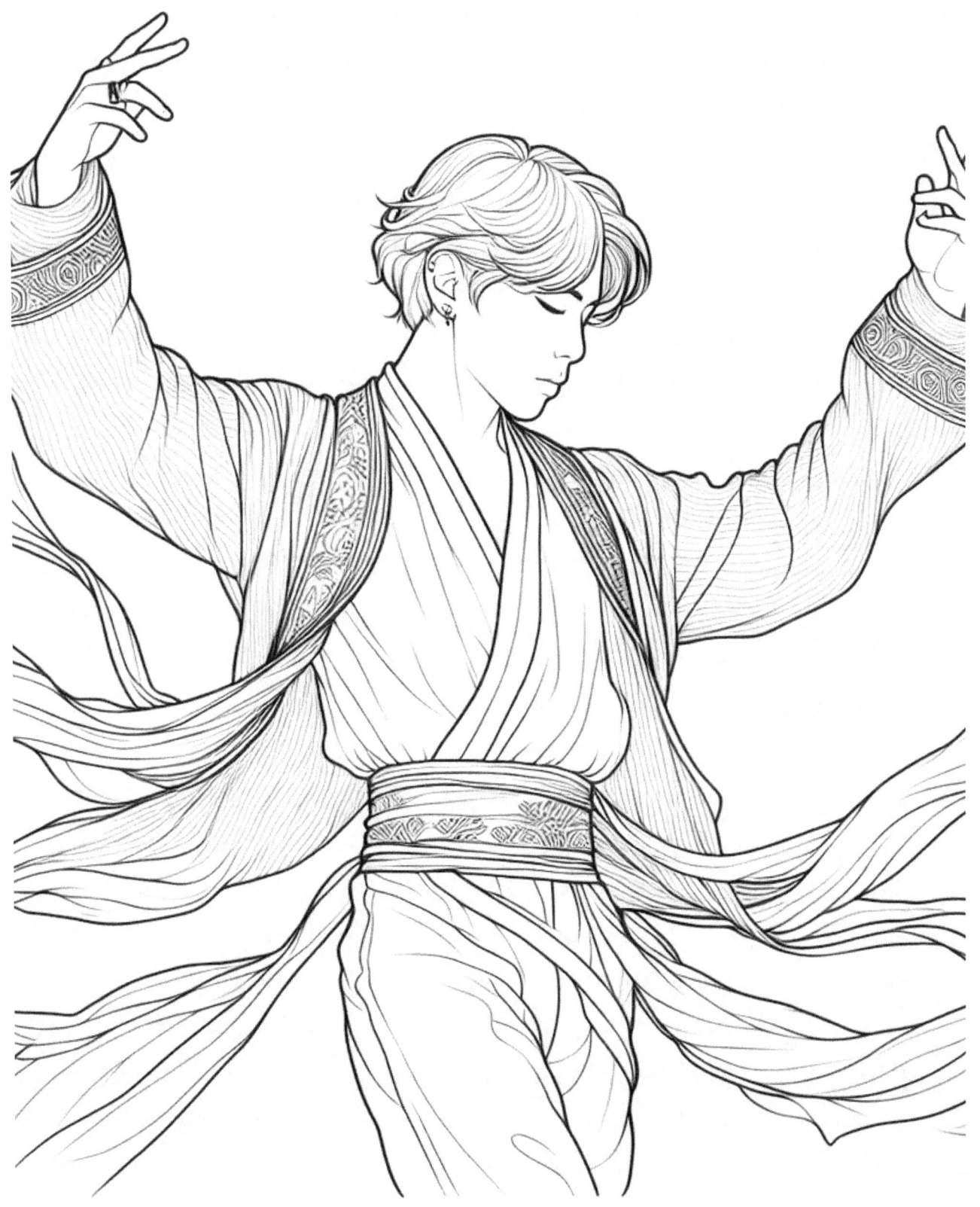

MY IDOL

SAY MY NAME :

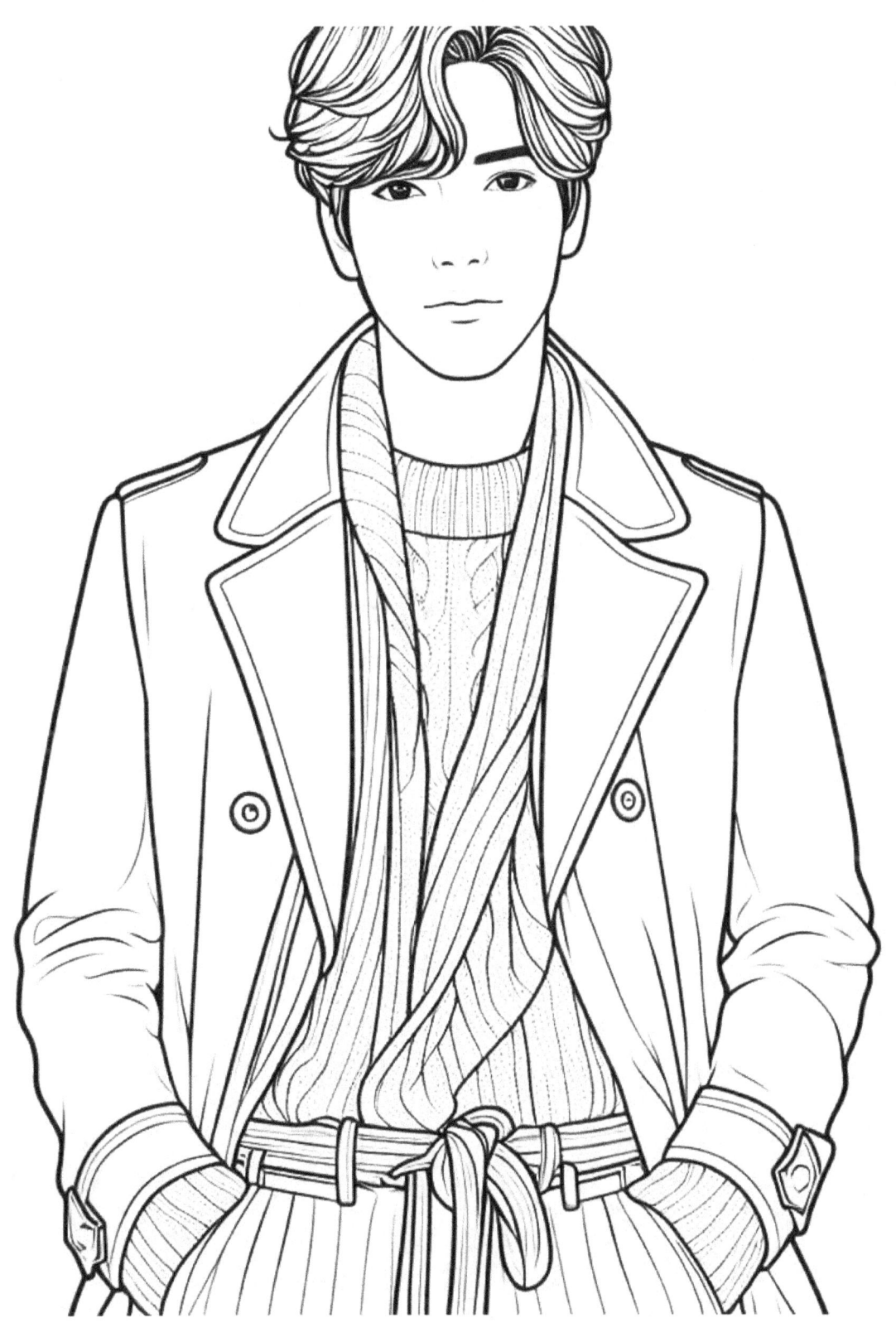

MY IDOL

SAY MY NAME :

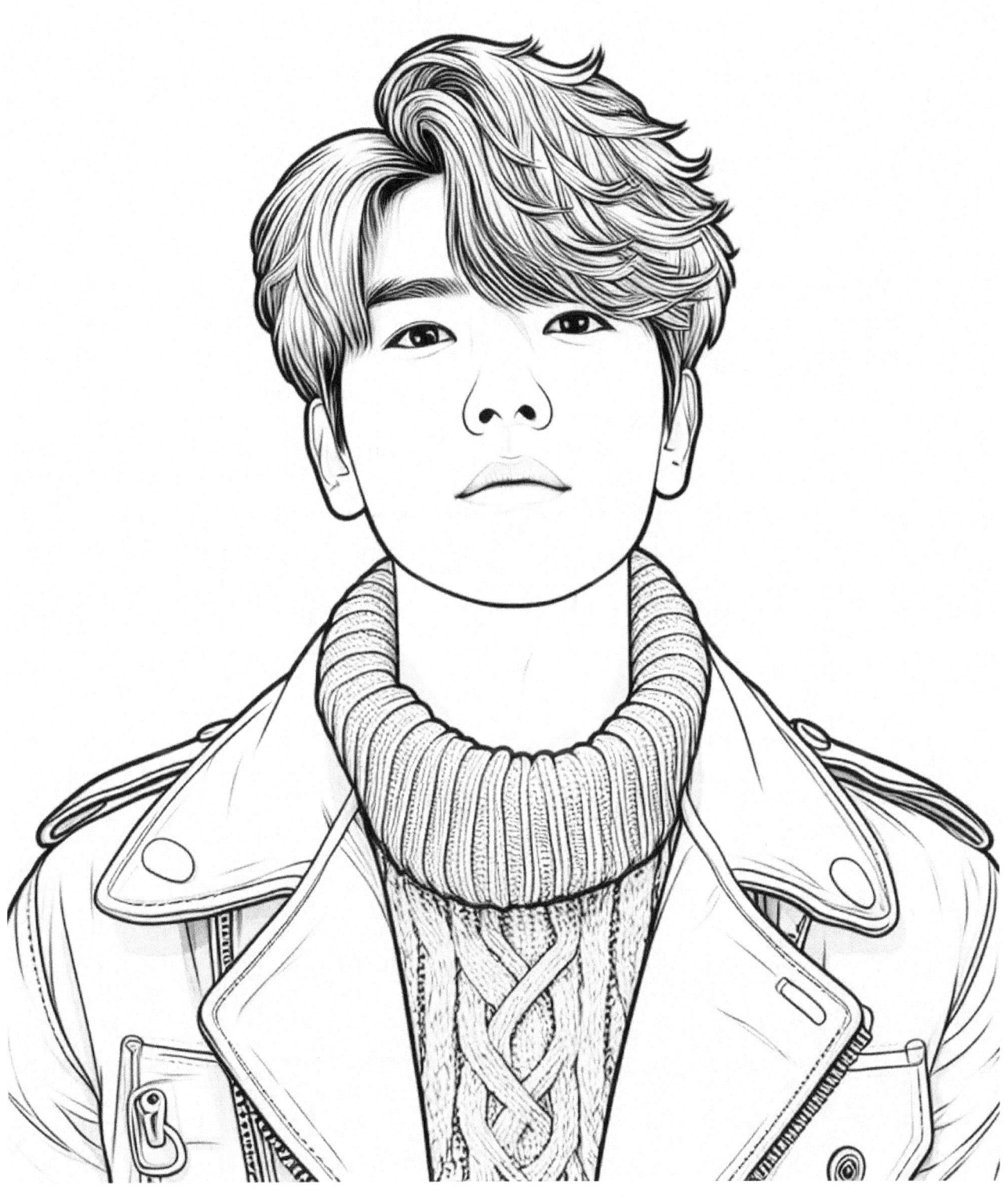

MY IDOL

SAY MY NAME :

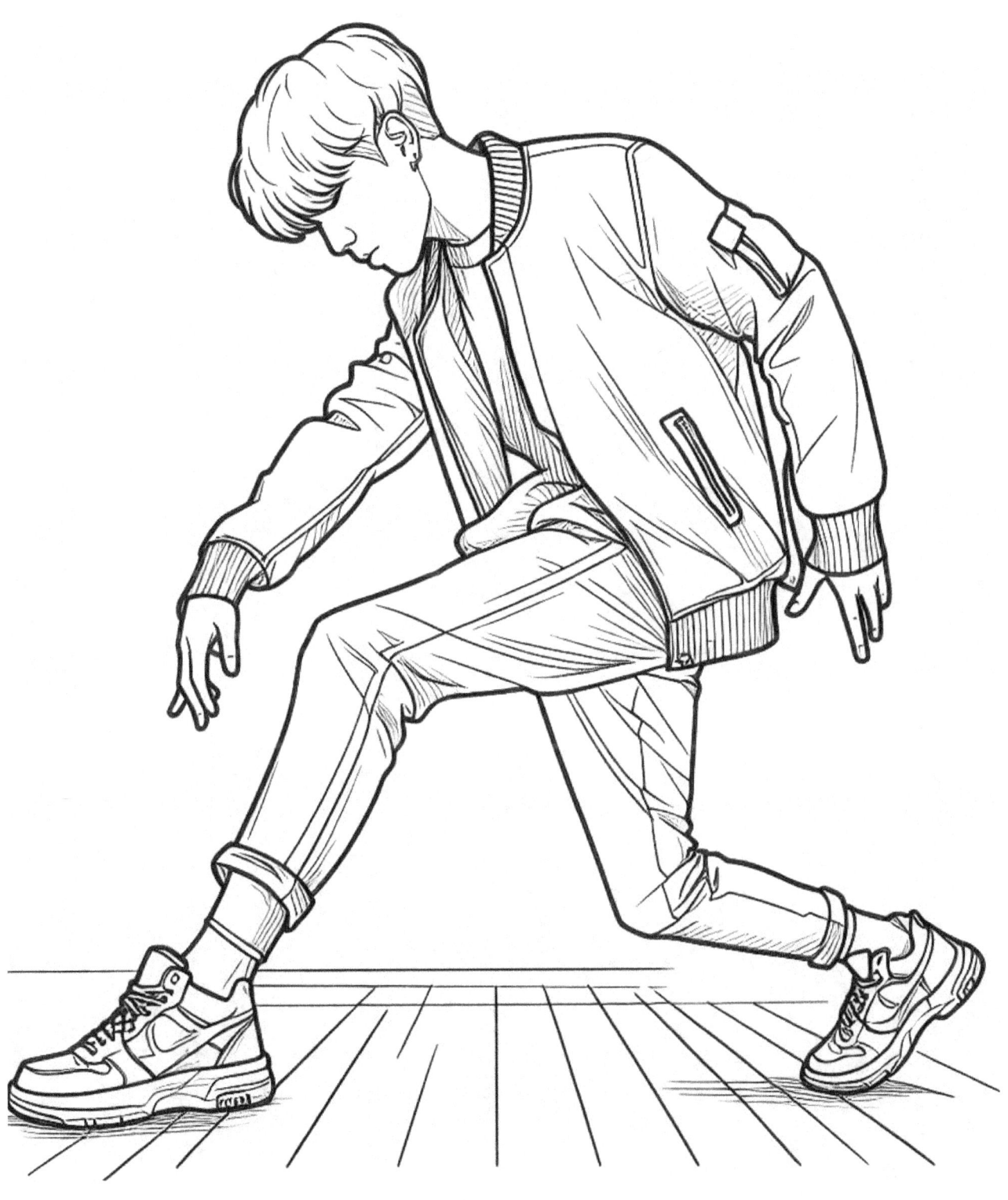

MY IDOL

SAY MY NAME :

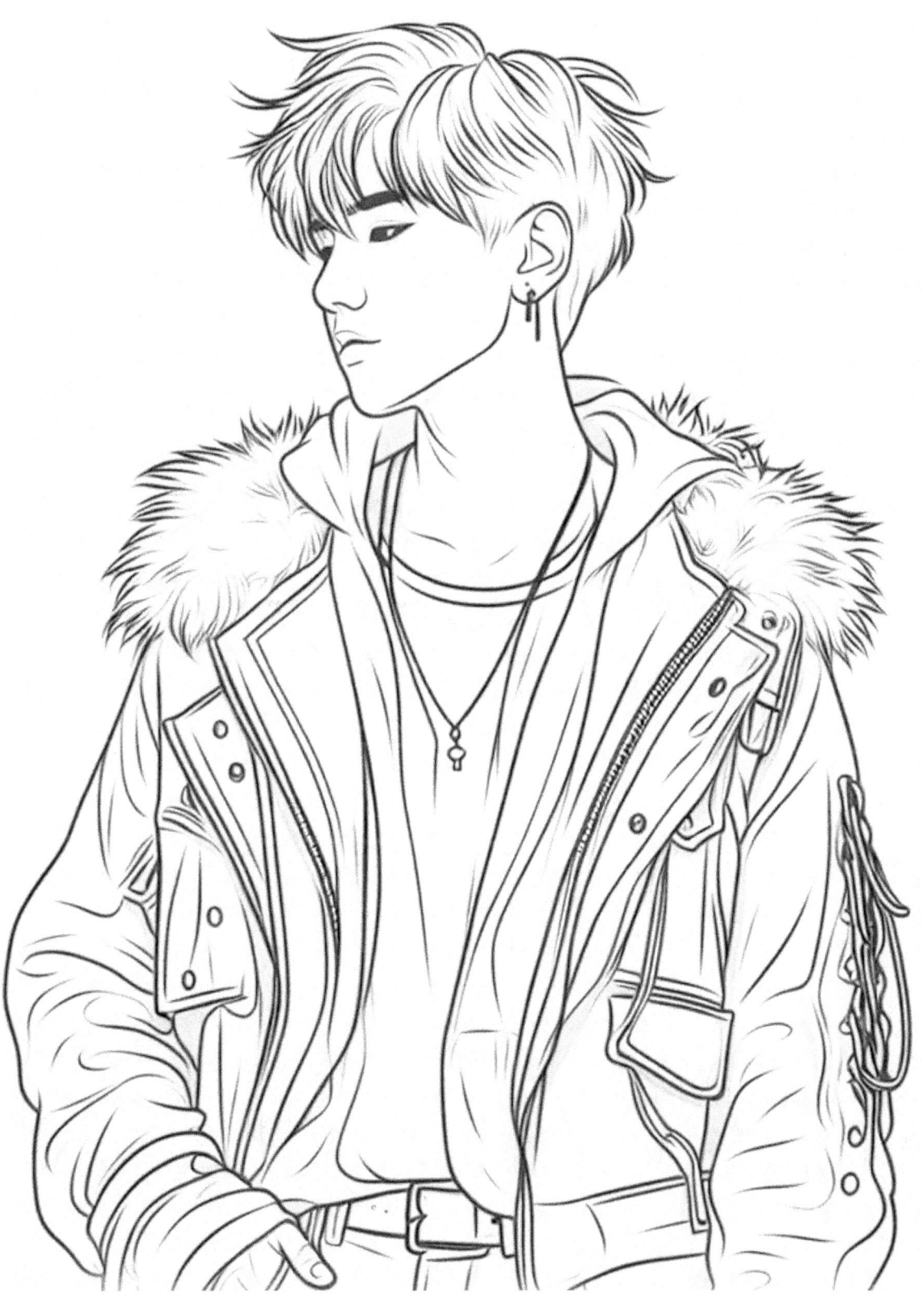

MY IDOL

SAY MY NAME :

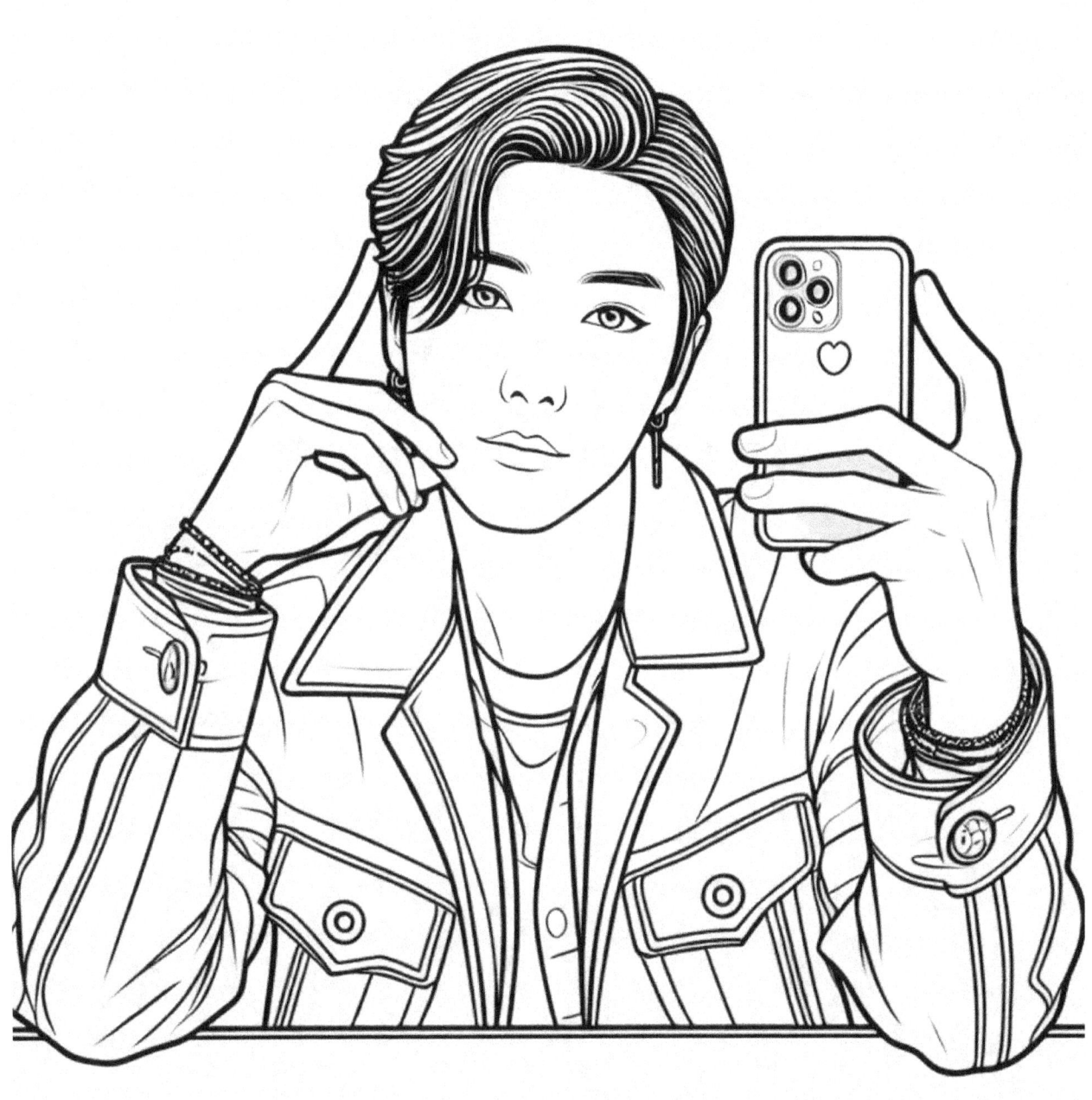

MY IDOL

SAY MY NAME :

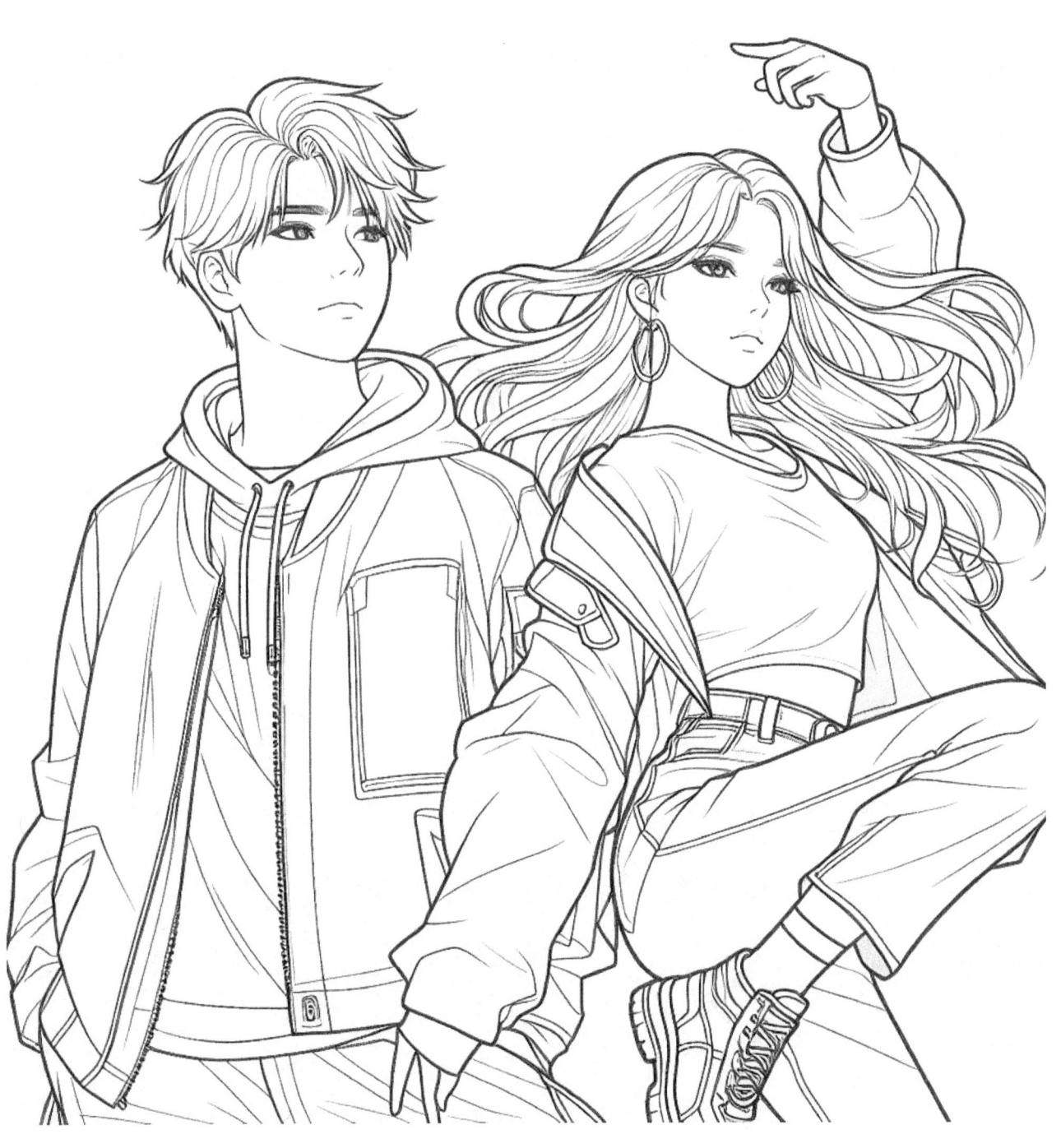

MY IDOL

SAY MY NAME :

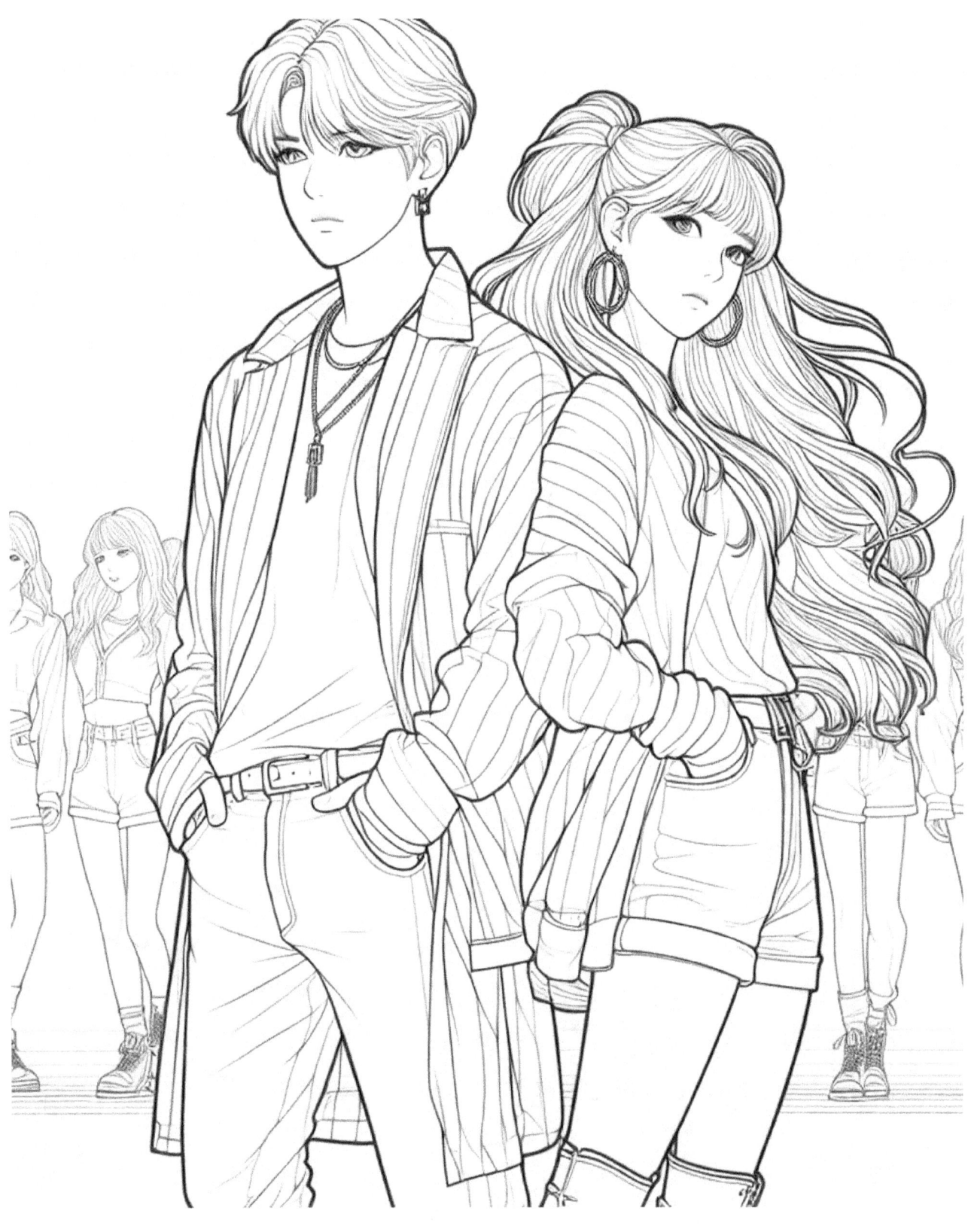

MY IDOL

SAY MY NAME :

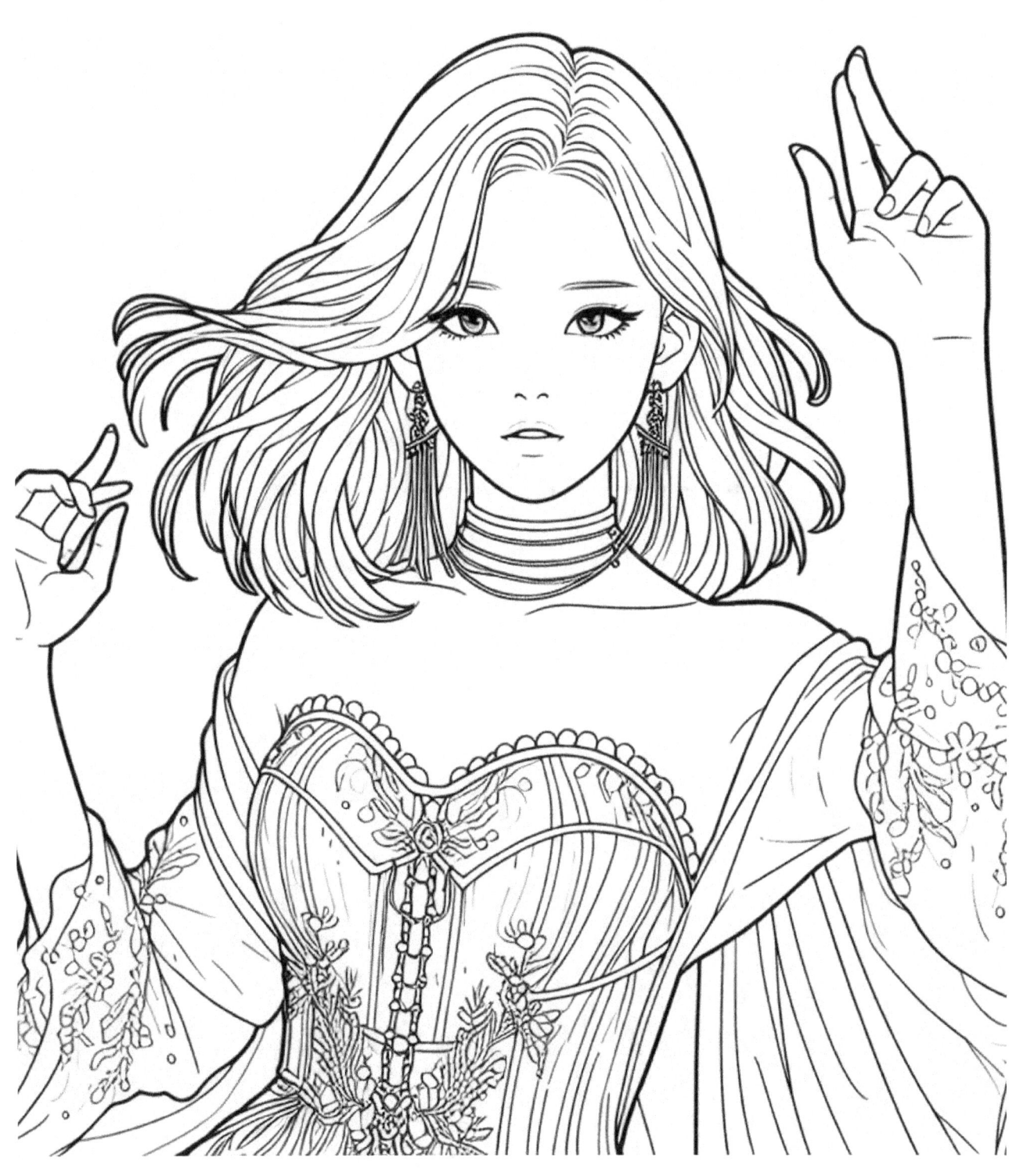

MY IDOL

←———————♡———————→

SAY MY NAME :

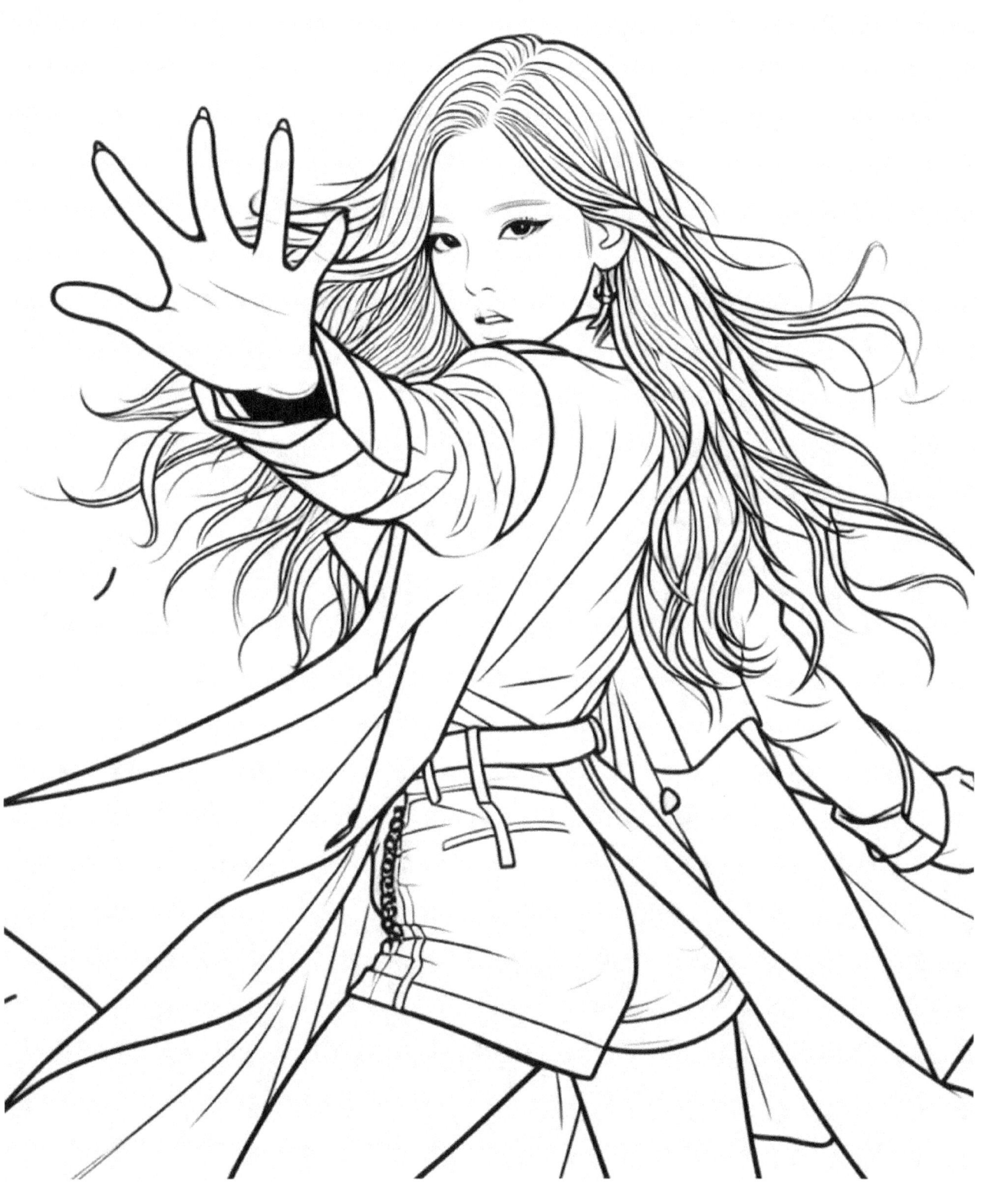

MY IDOL

SAY MY NAME :

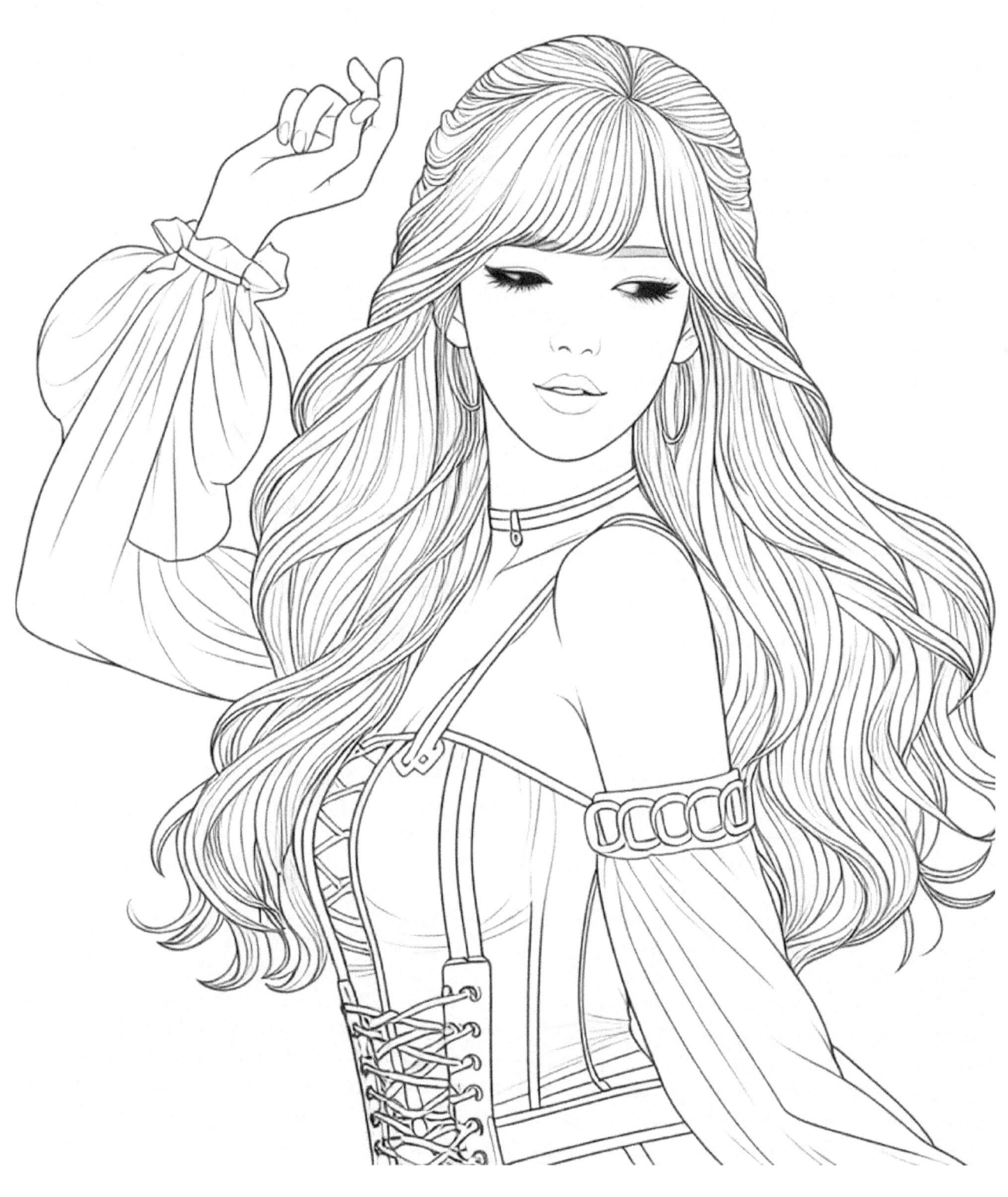

MY IDOL ♡

SAY MY NAME :

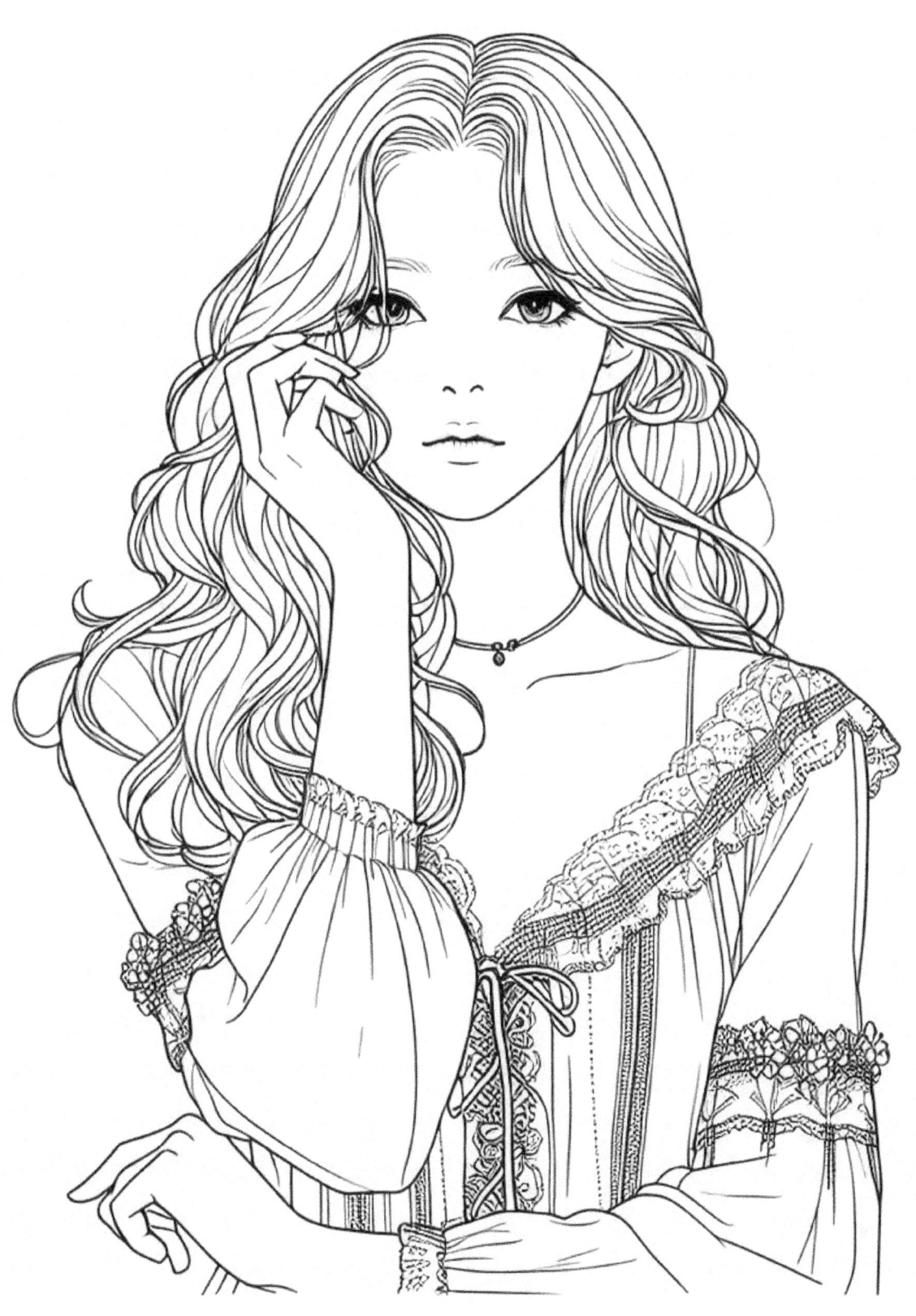

MY IDOL

SAY MY NAME :

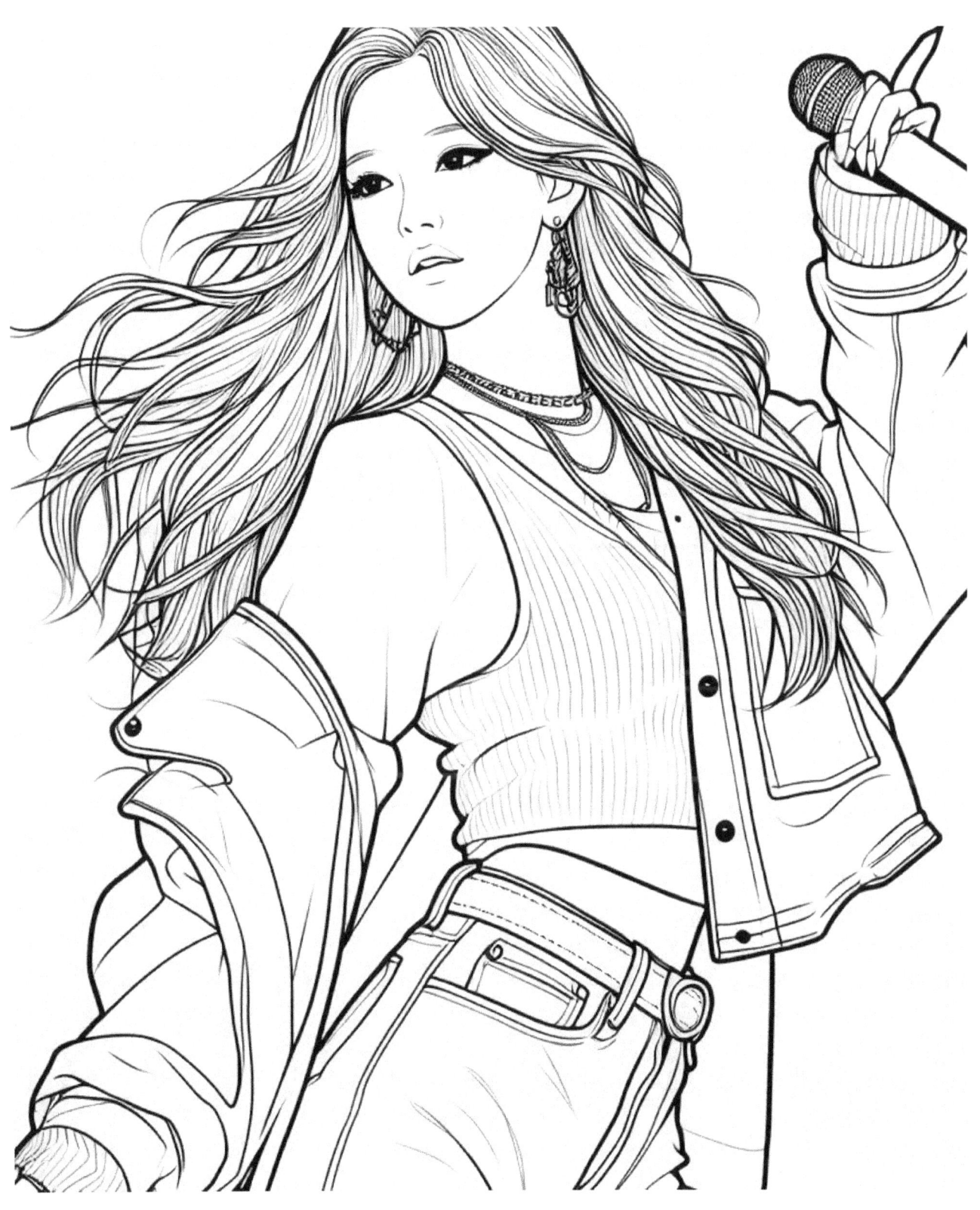

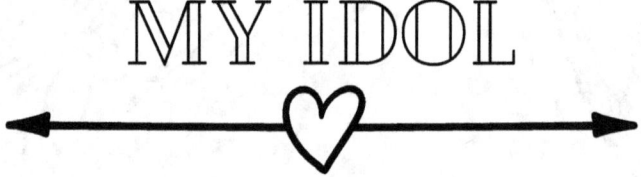

SAY MY NAME :

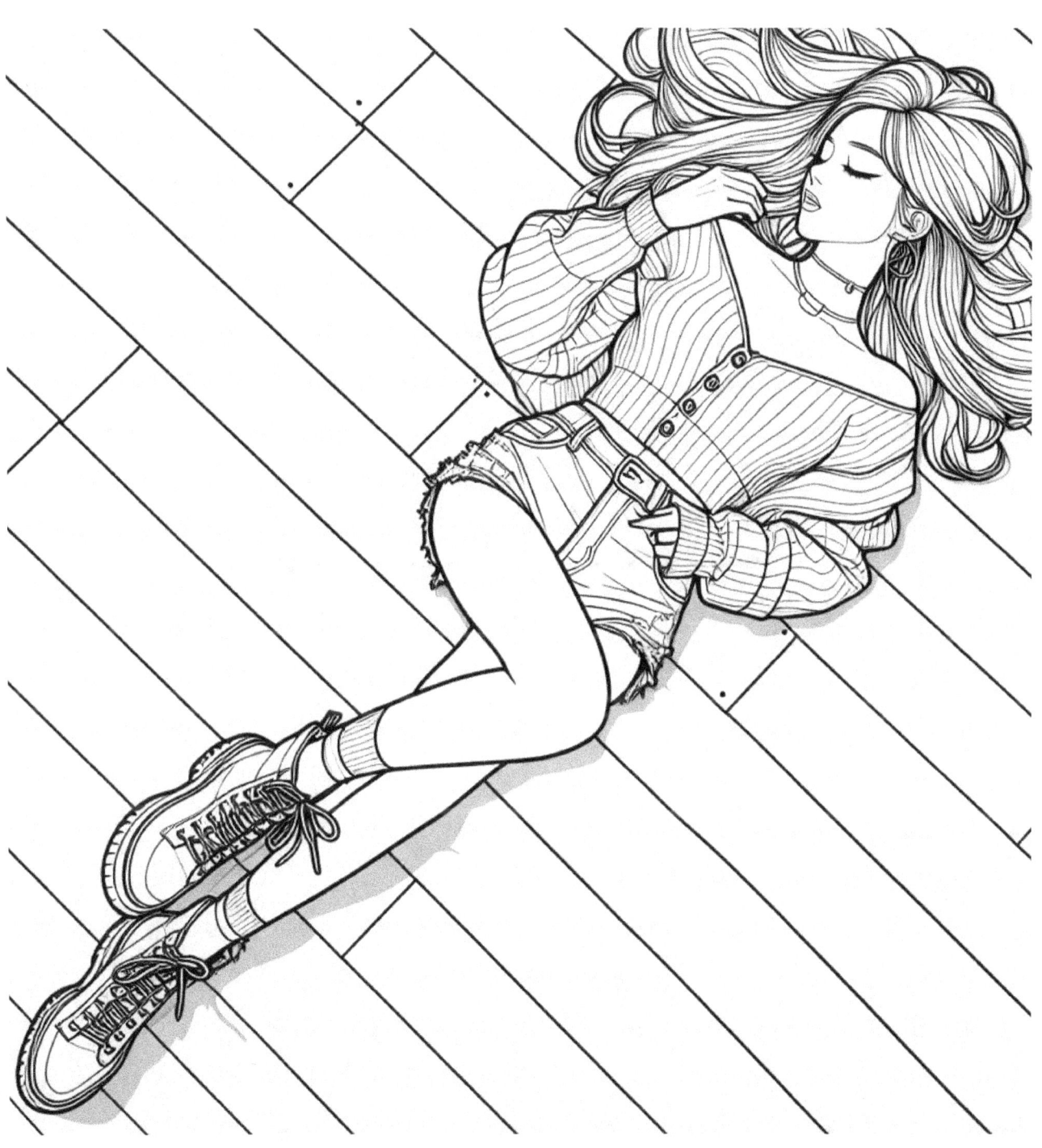

MY IDOL

←———————♡———————→

SAY MY NAME :

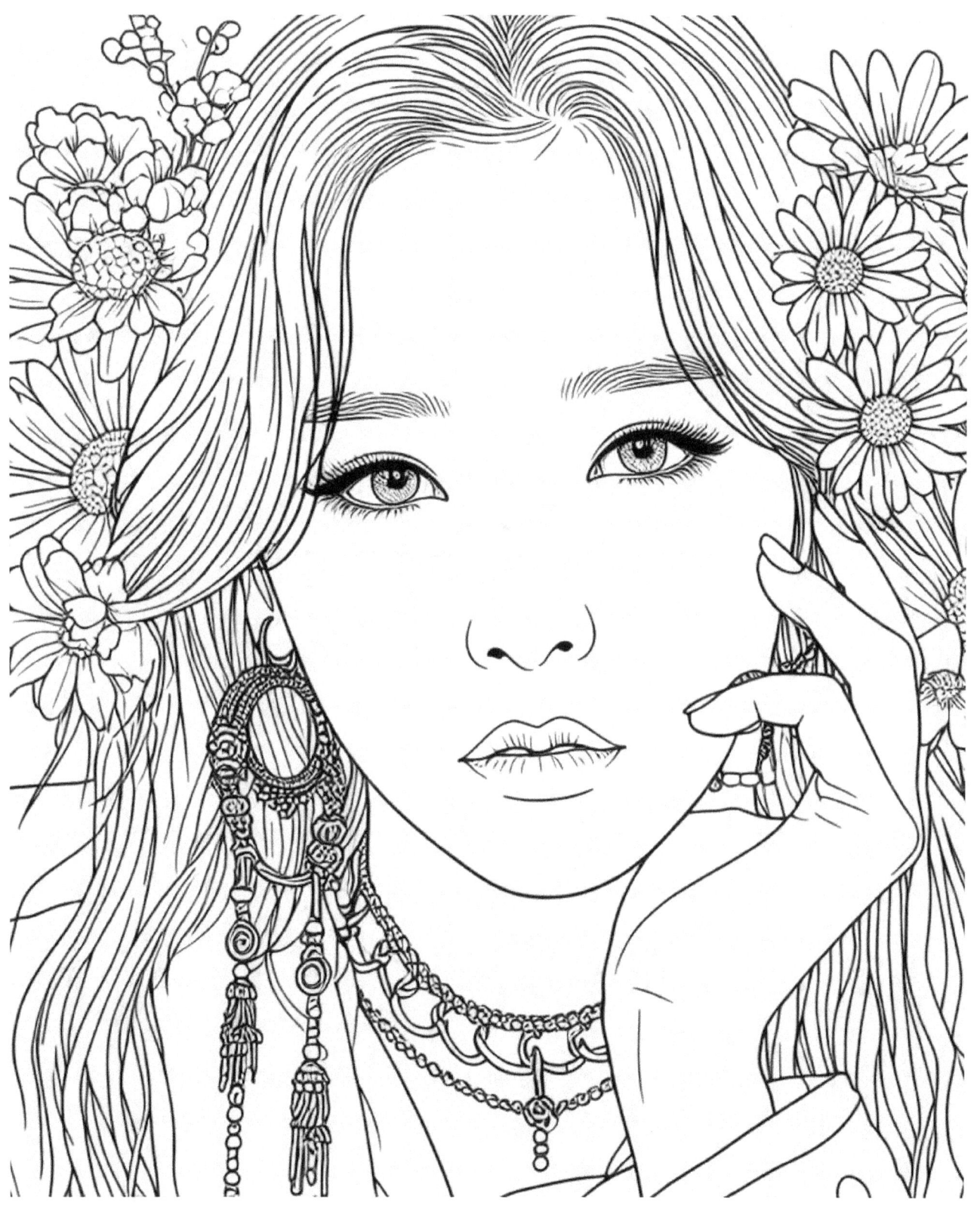

MY IDOL

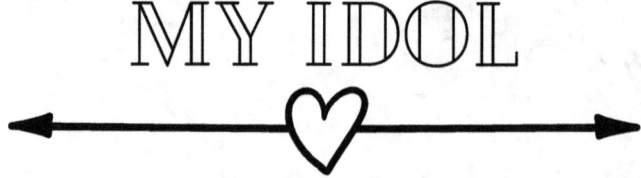

SAY MY NAME :

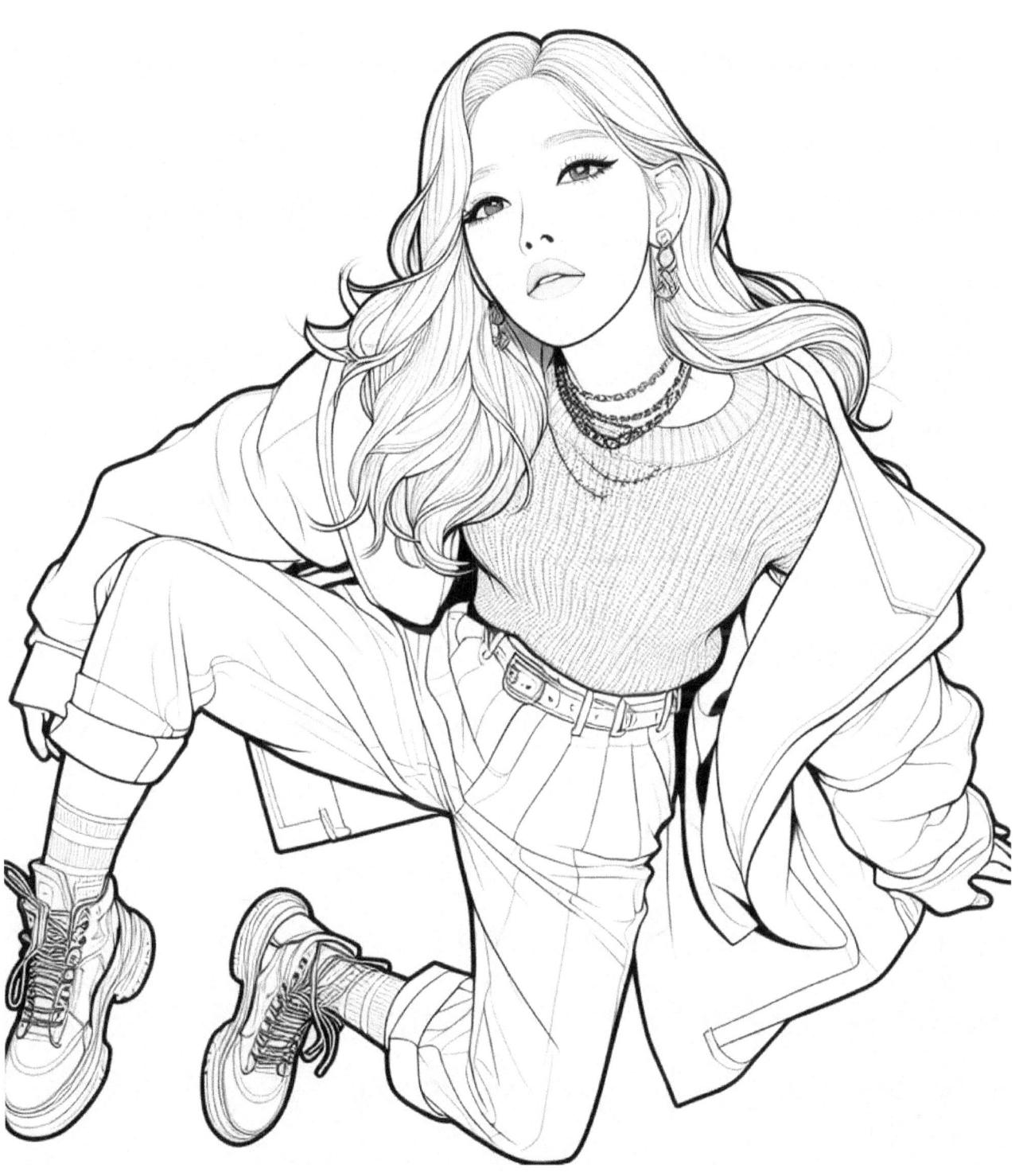

MY IDOL

SAY MY NAME :

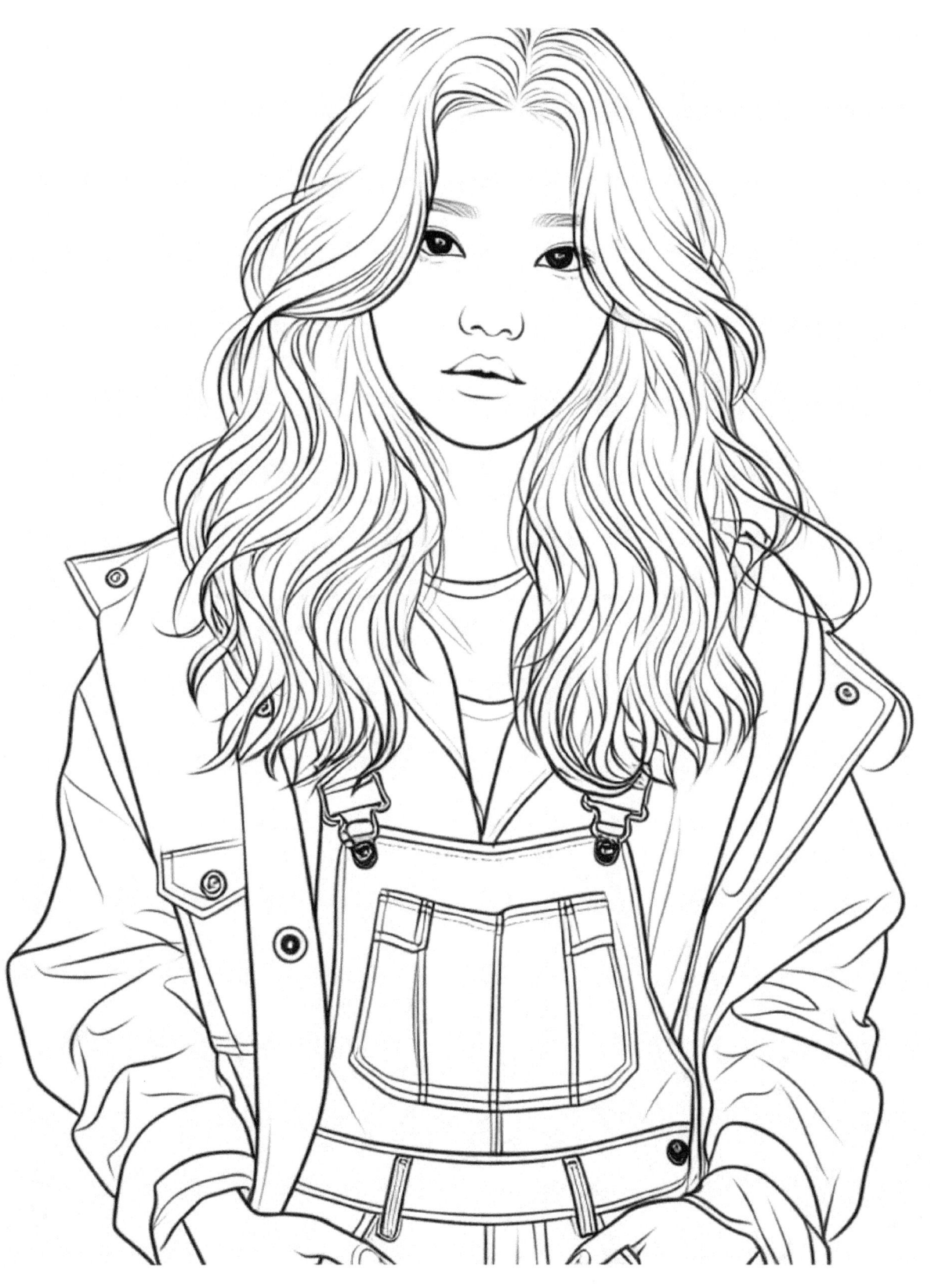

MY IDOL

SAY MY NAME :

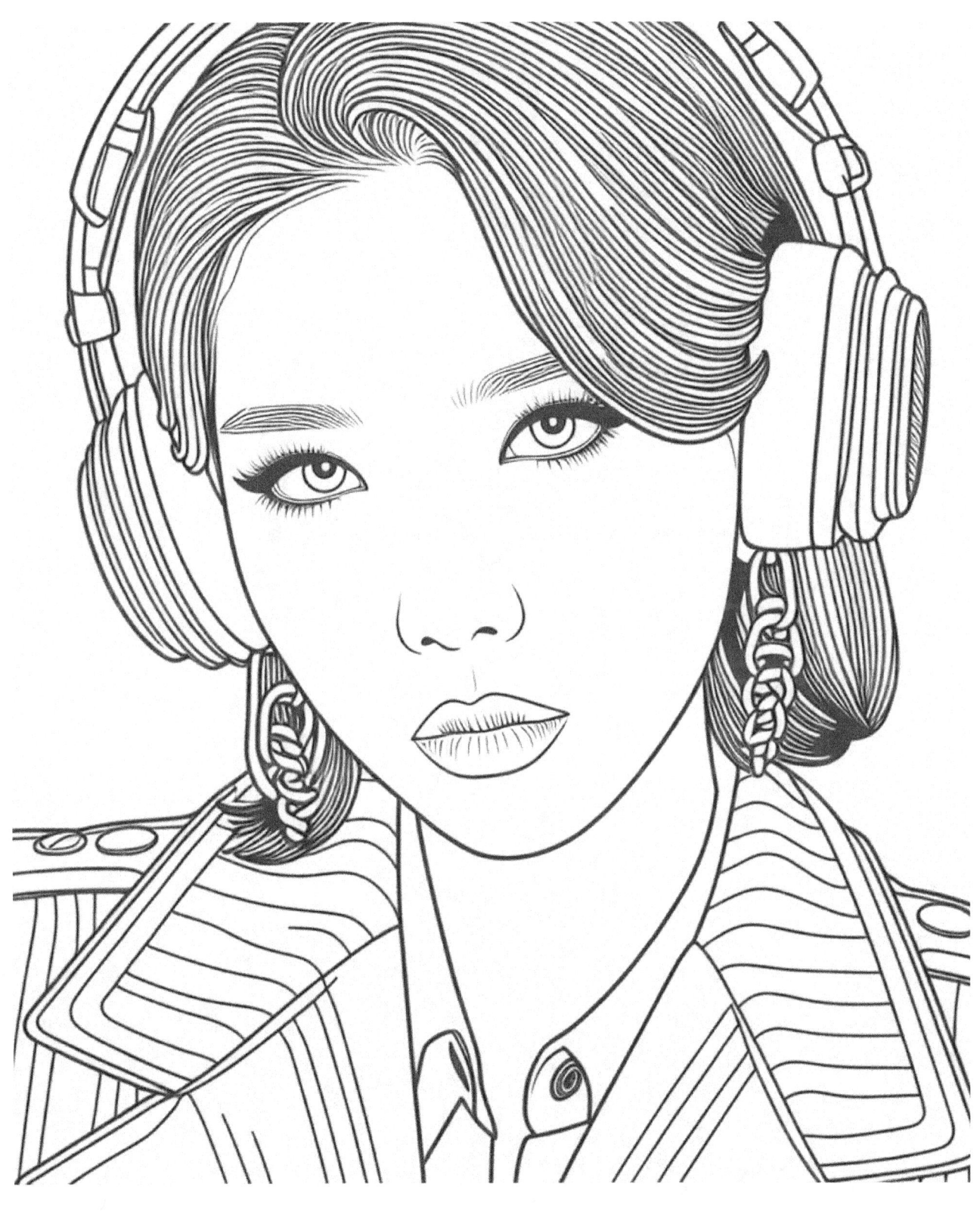

MY IDOL

SAY MY NAME :

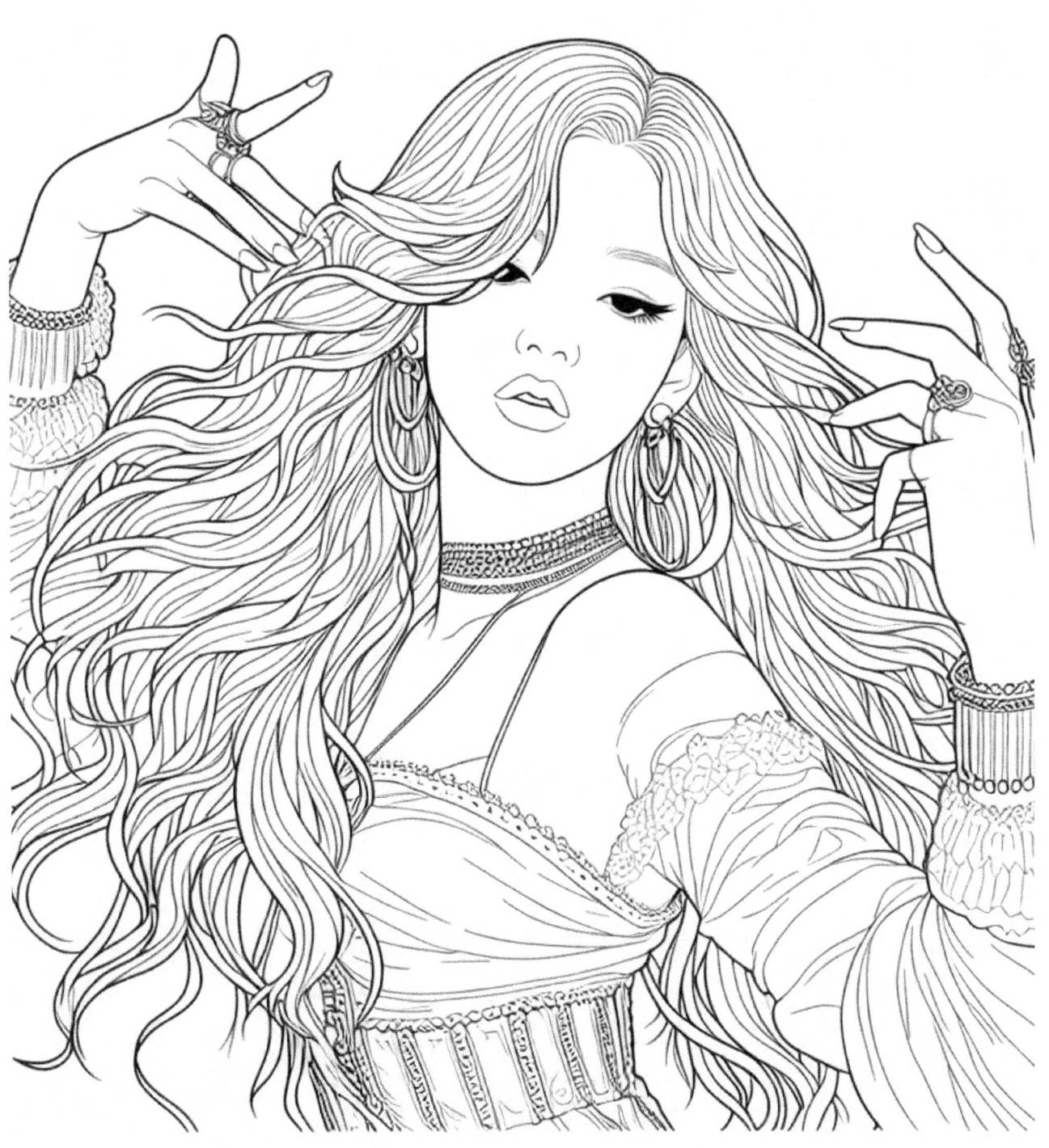

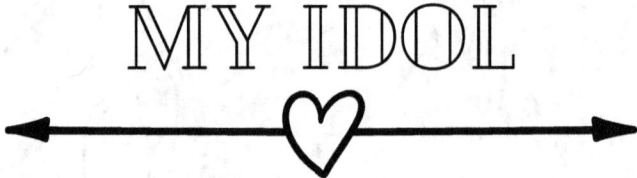

SAY MY NAME :

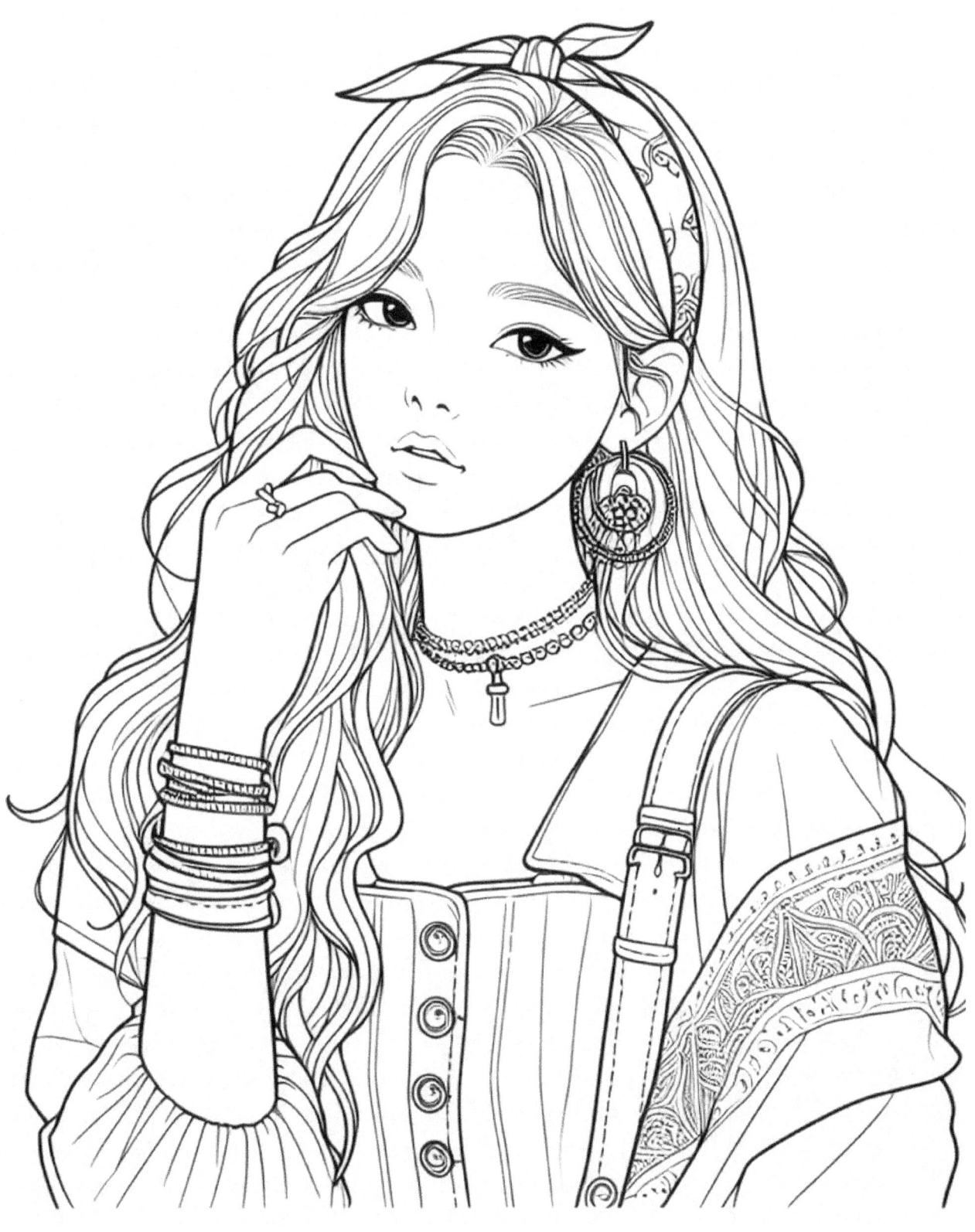

MY IDOL

SAY MY NAME :

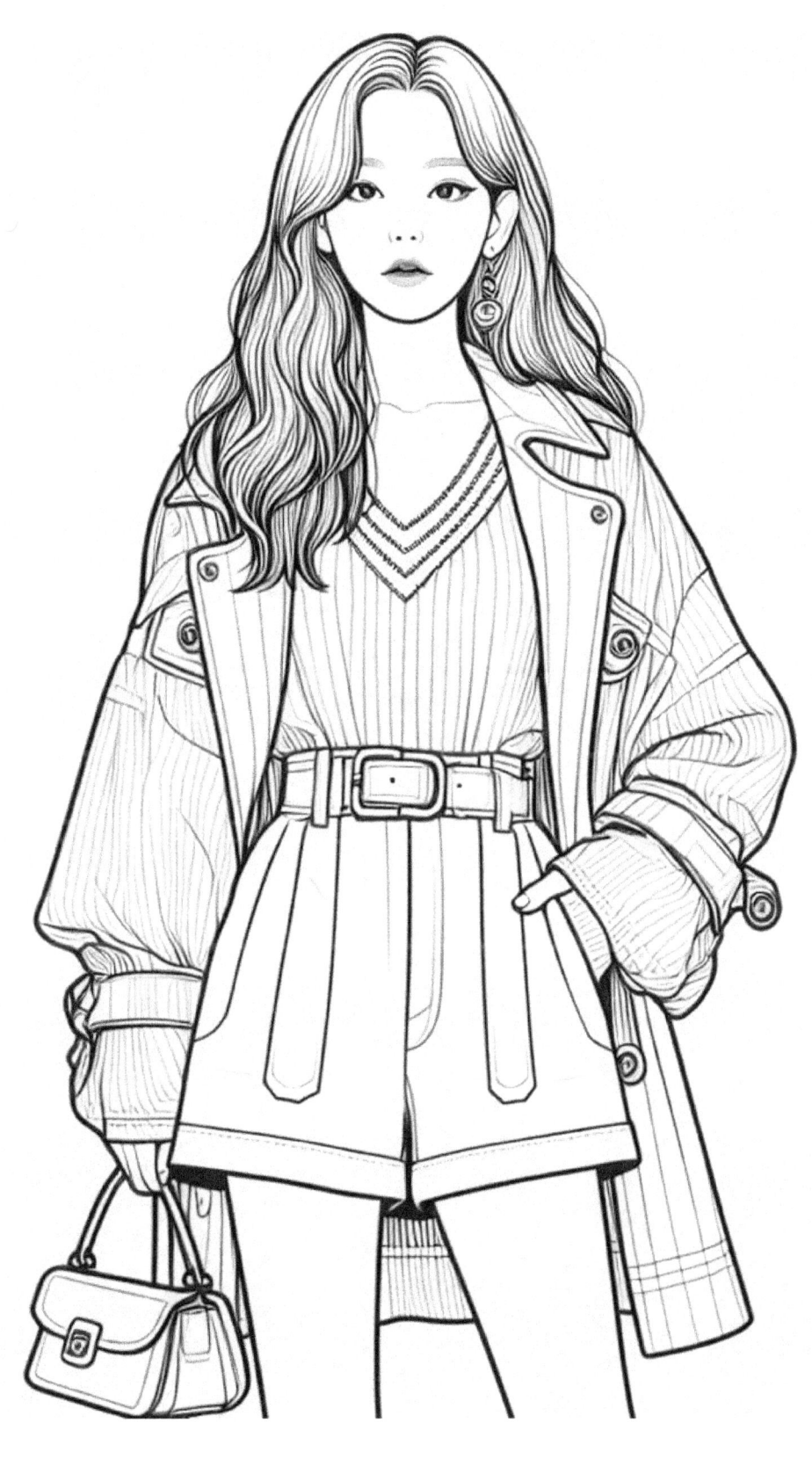

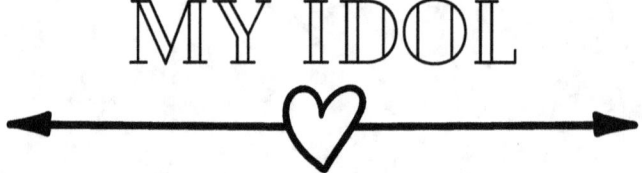

SAY MY NAME :

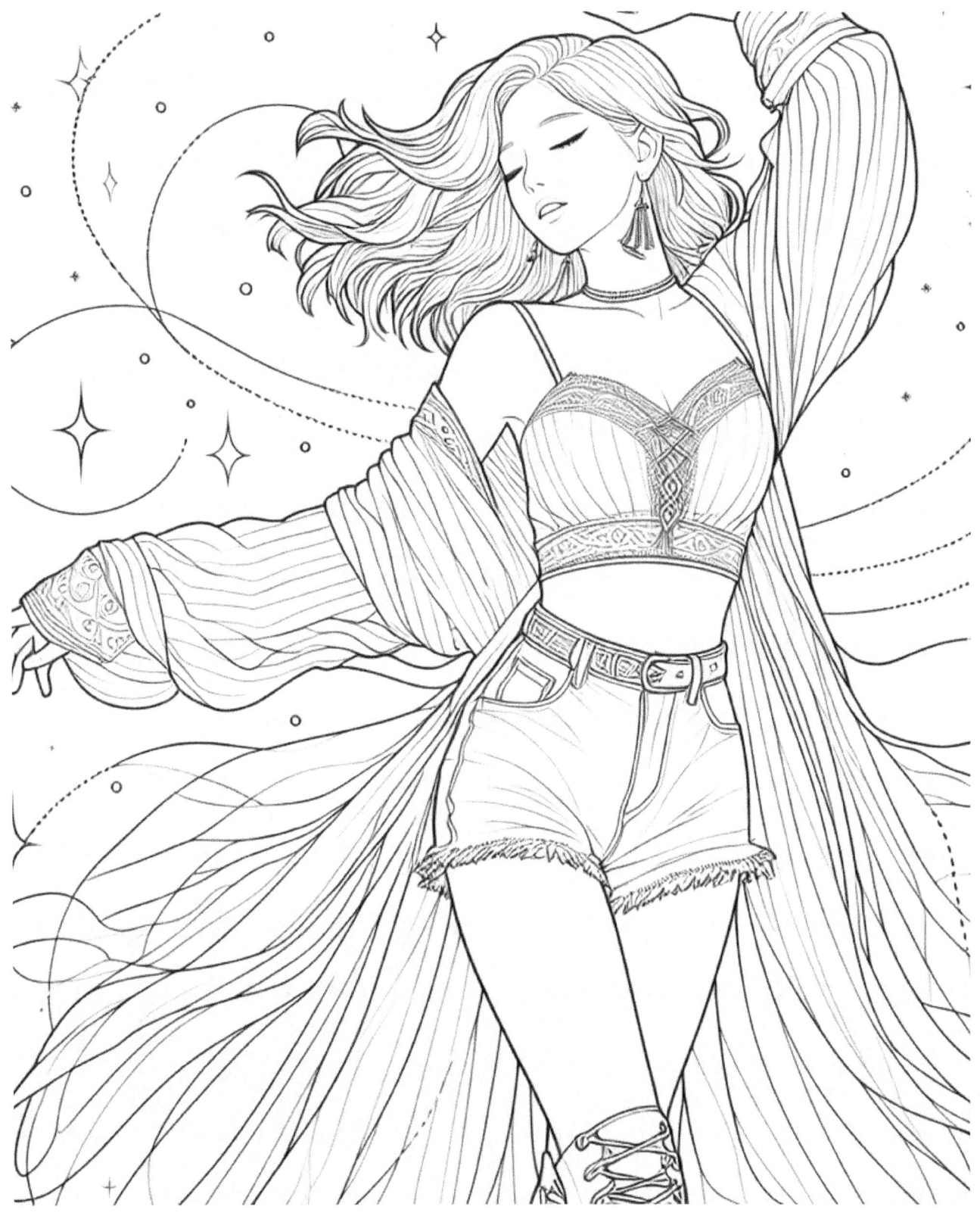

MY IDOL

SAY MY NAME :

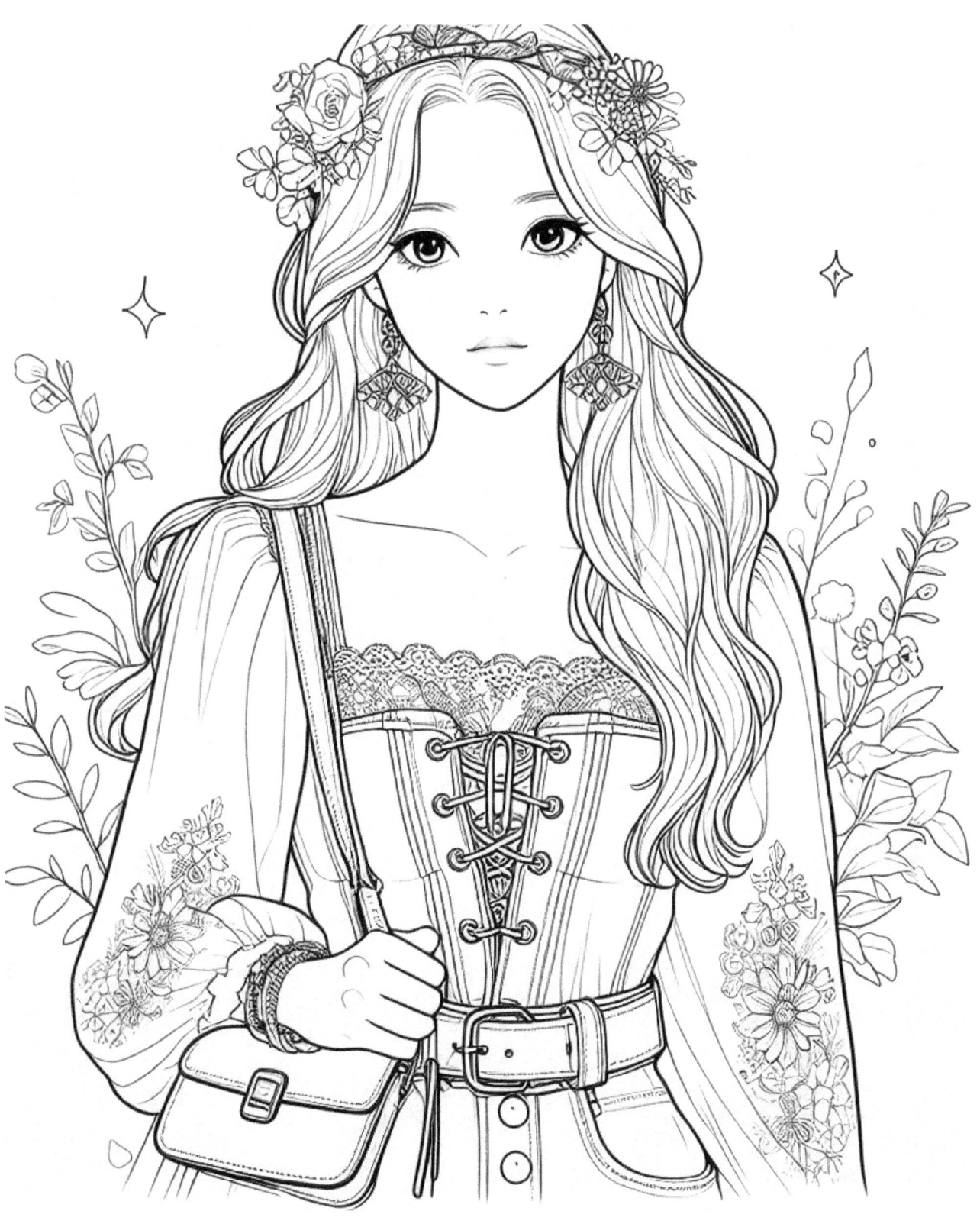

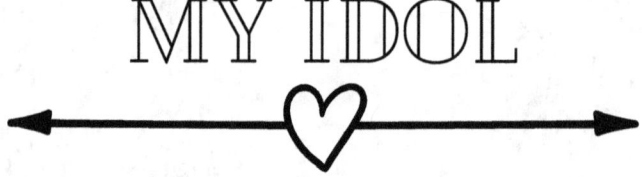

SAY MY NAME :

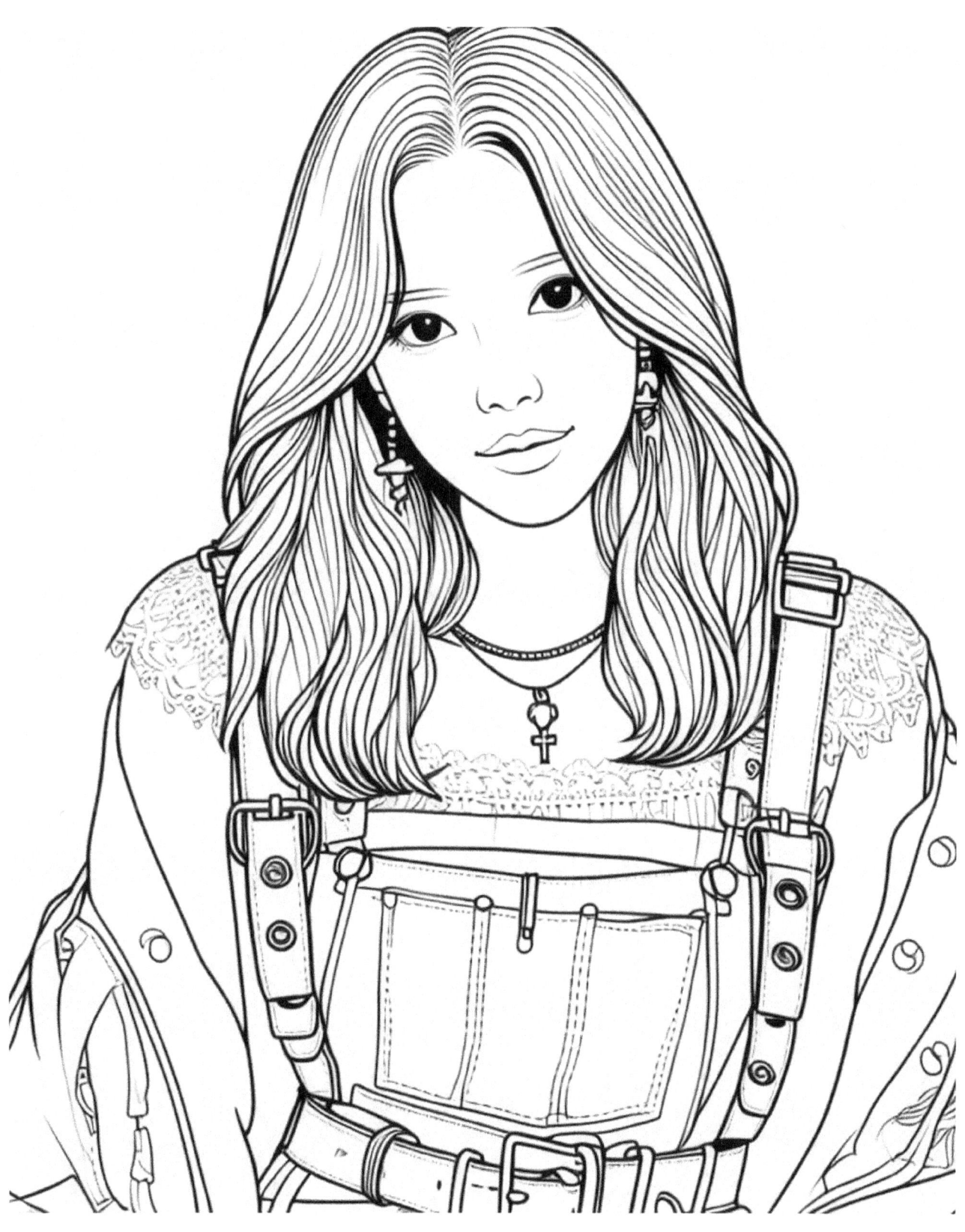

MY IDOL

SAY MY NAME :

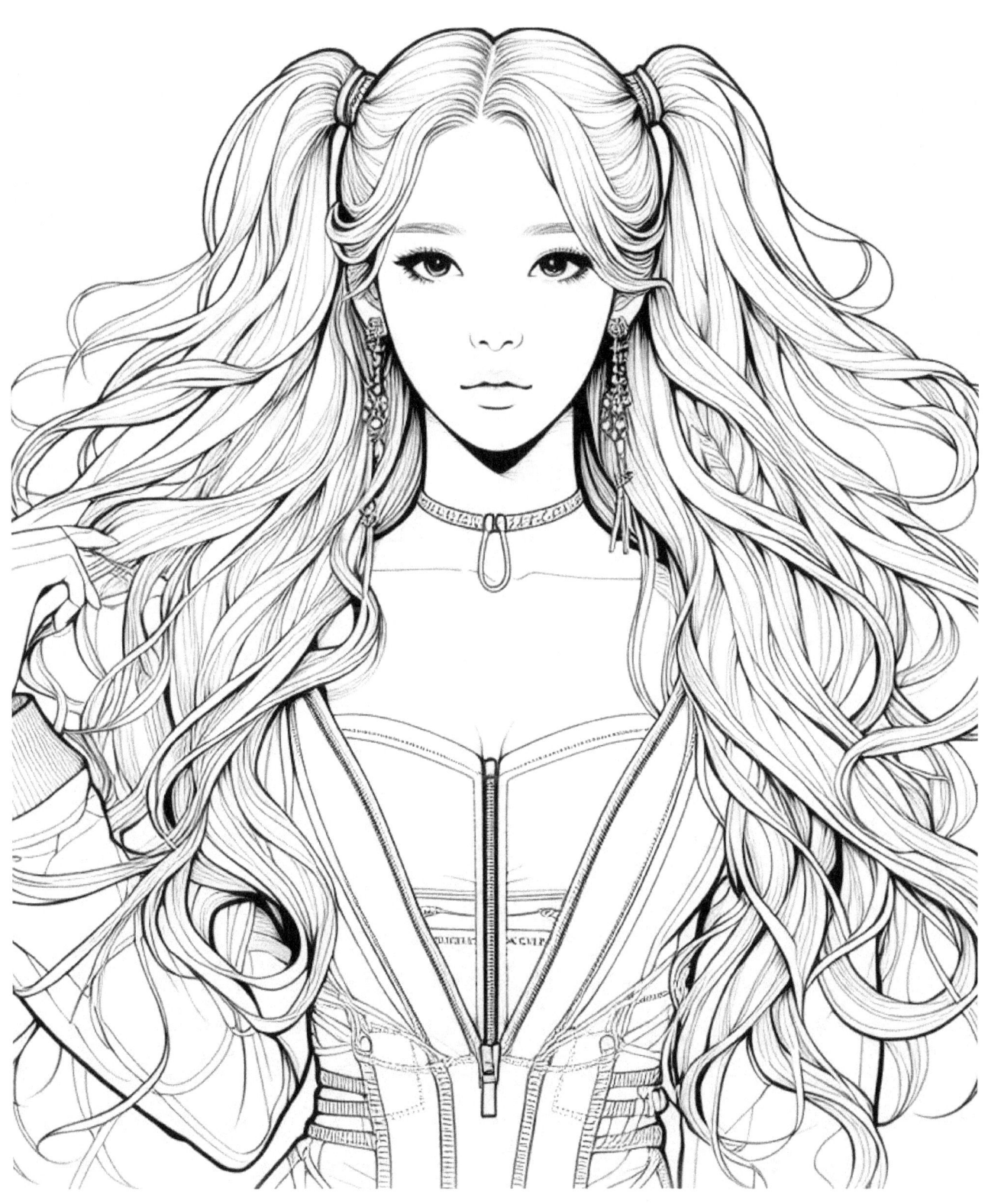

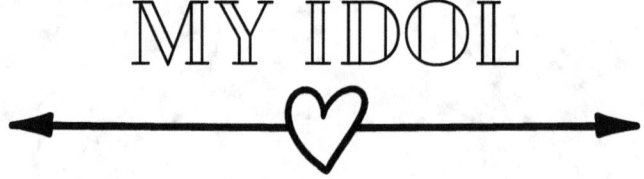

SAY MY NAME :

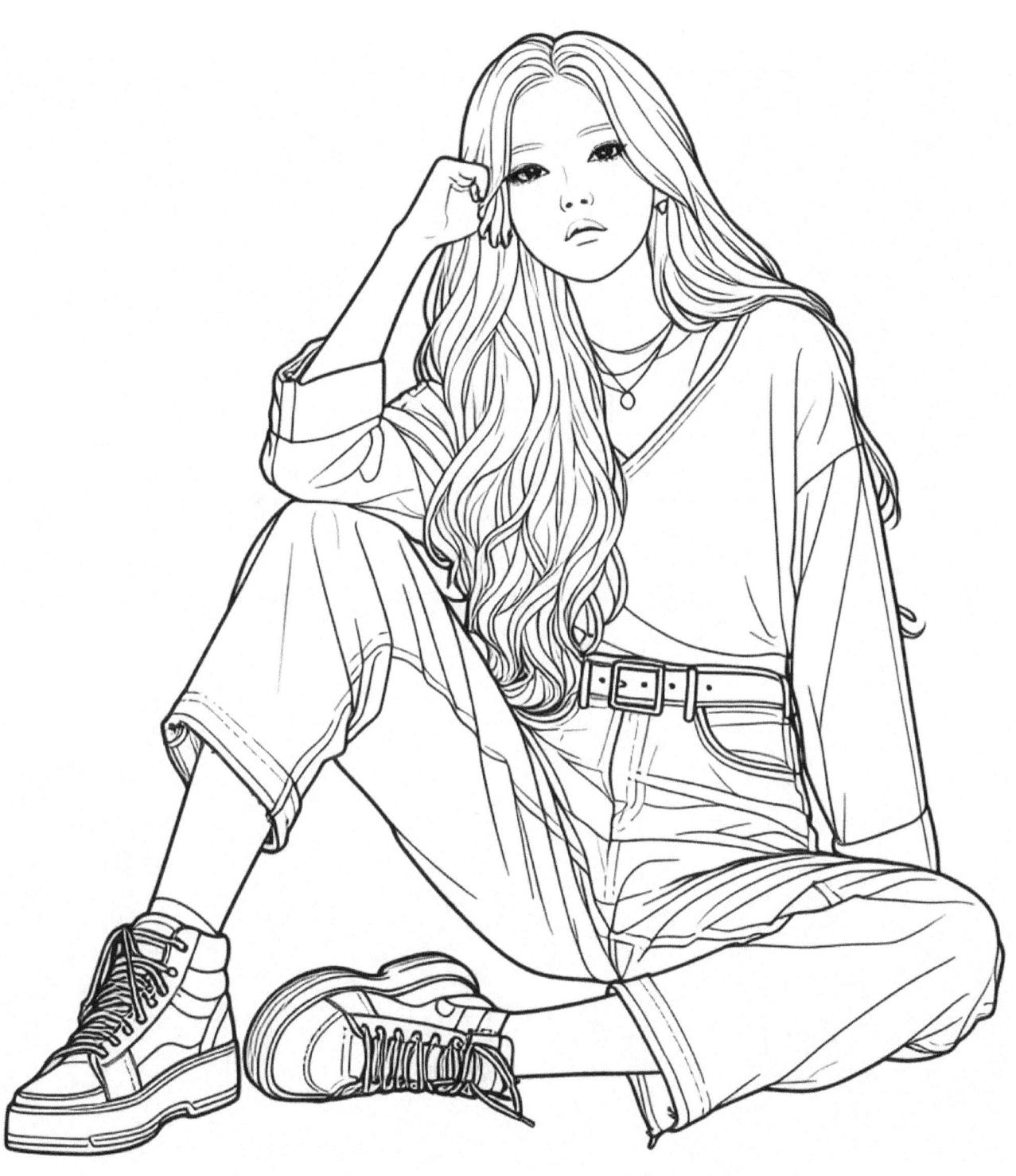

MY IDOL

SAY MY NAME :

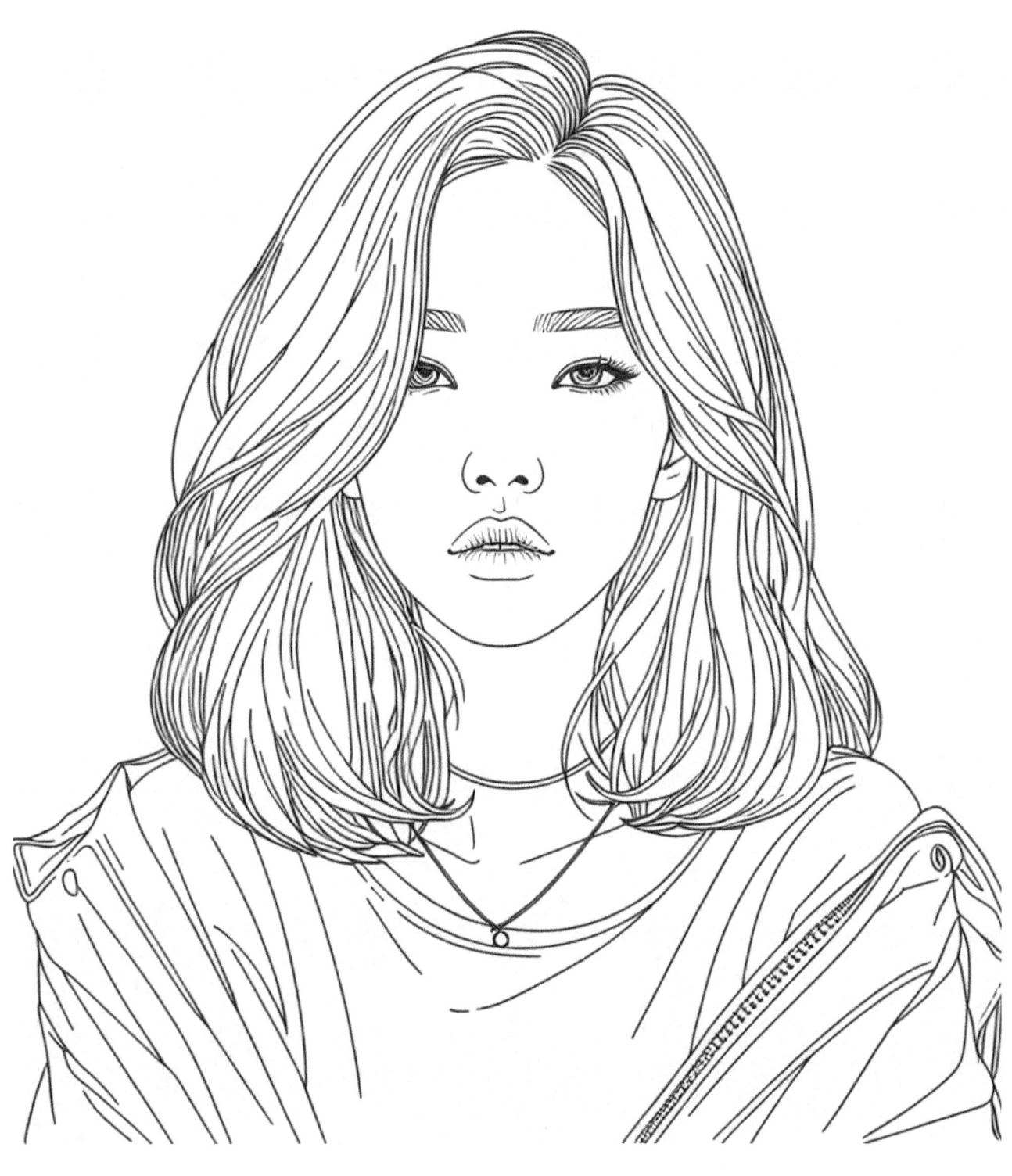

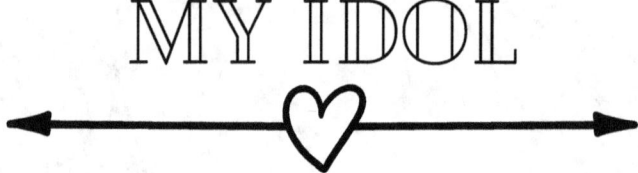

SAY MY NAME :

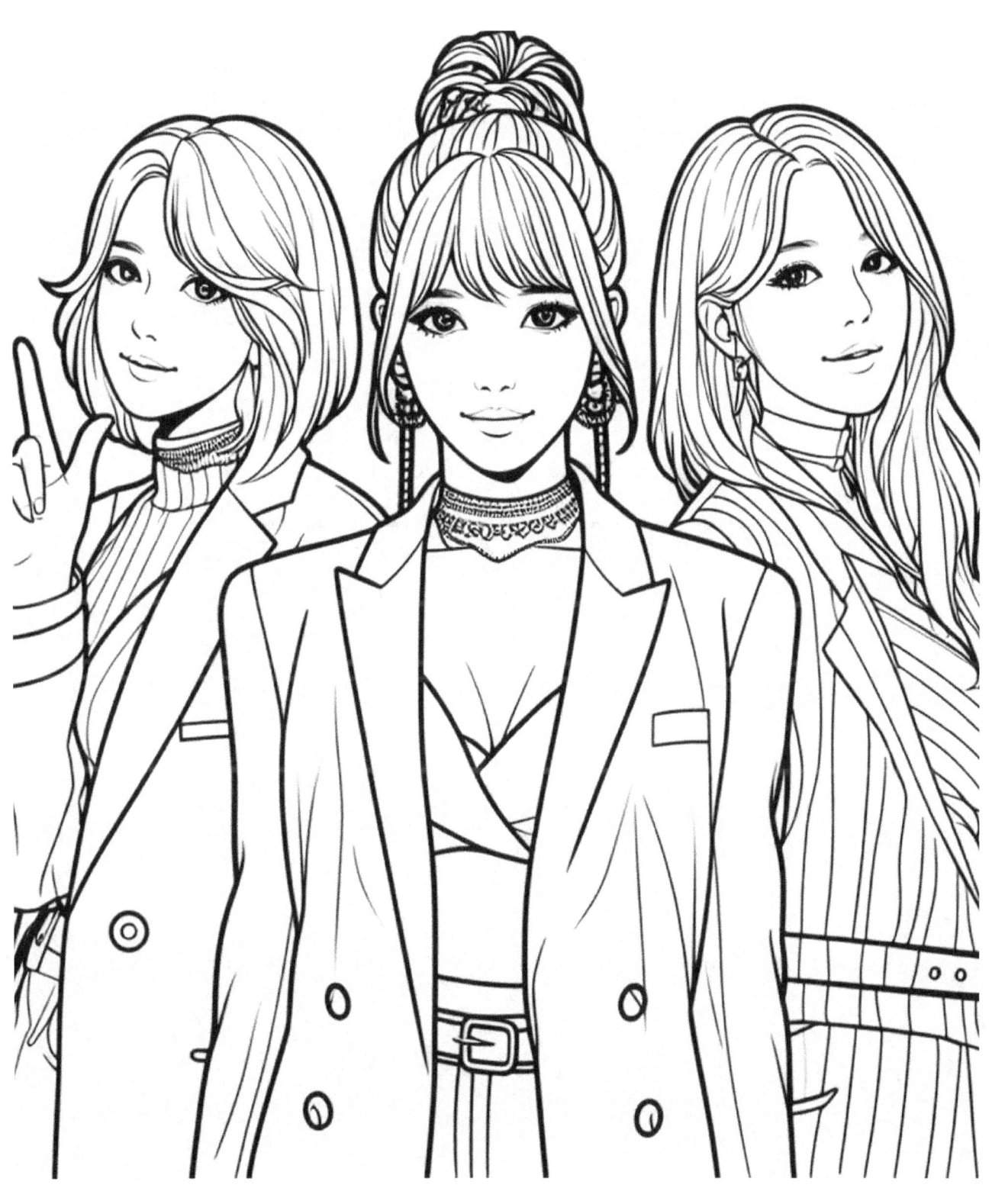

MY IDOL

SAY MY NAME :

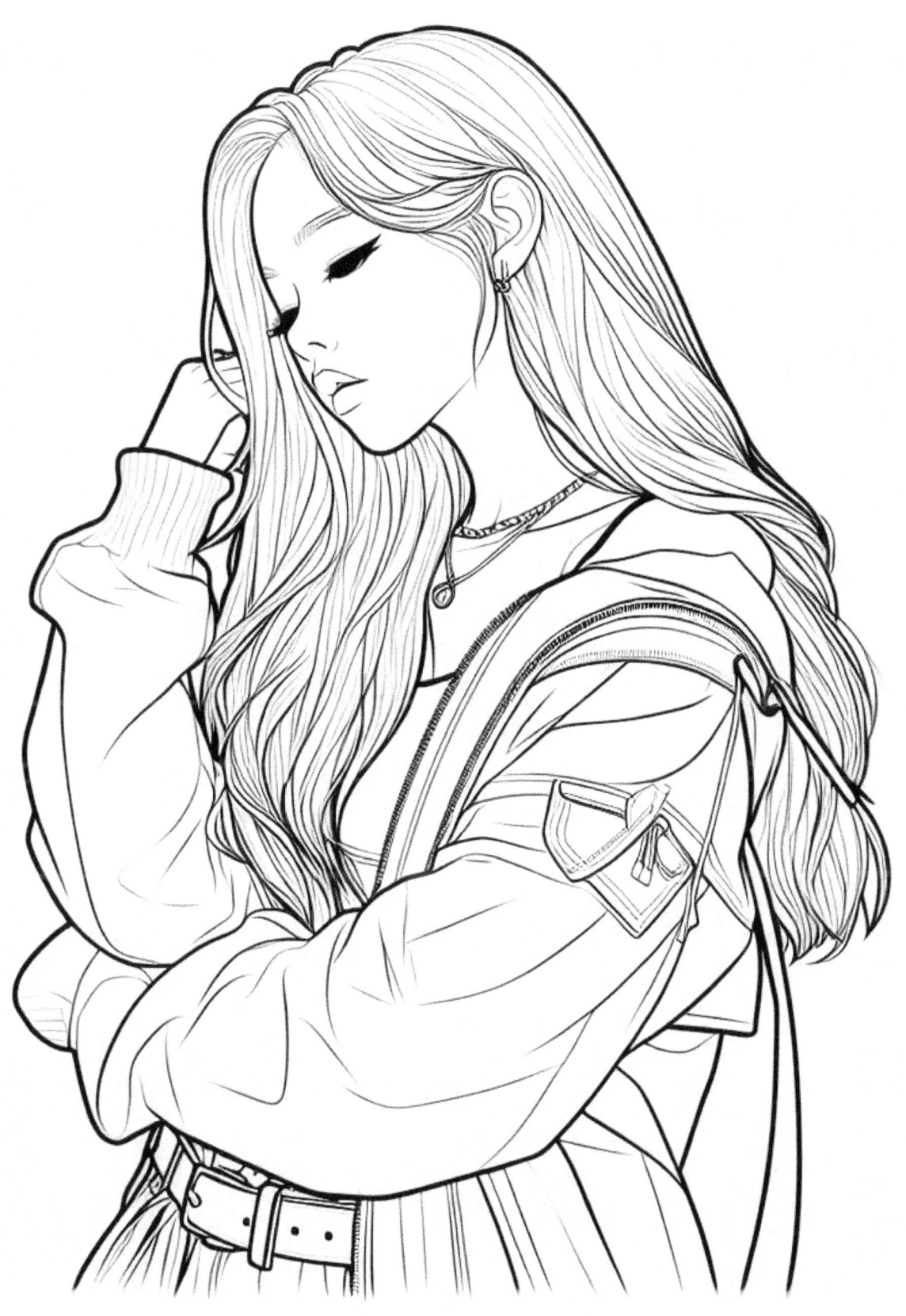

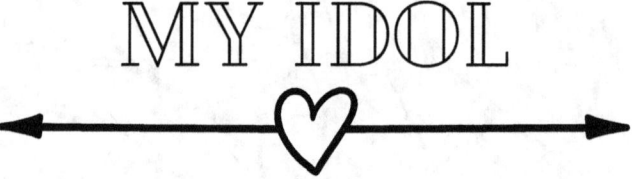

SAY MY NAME :

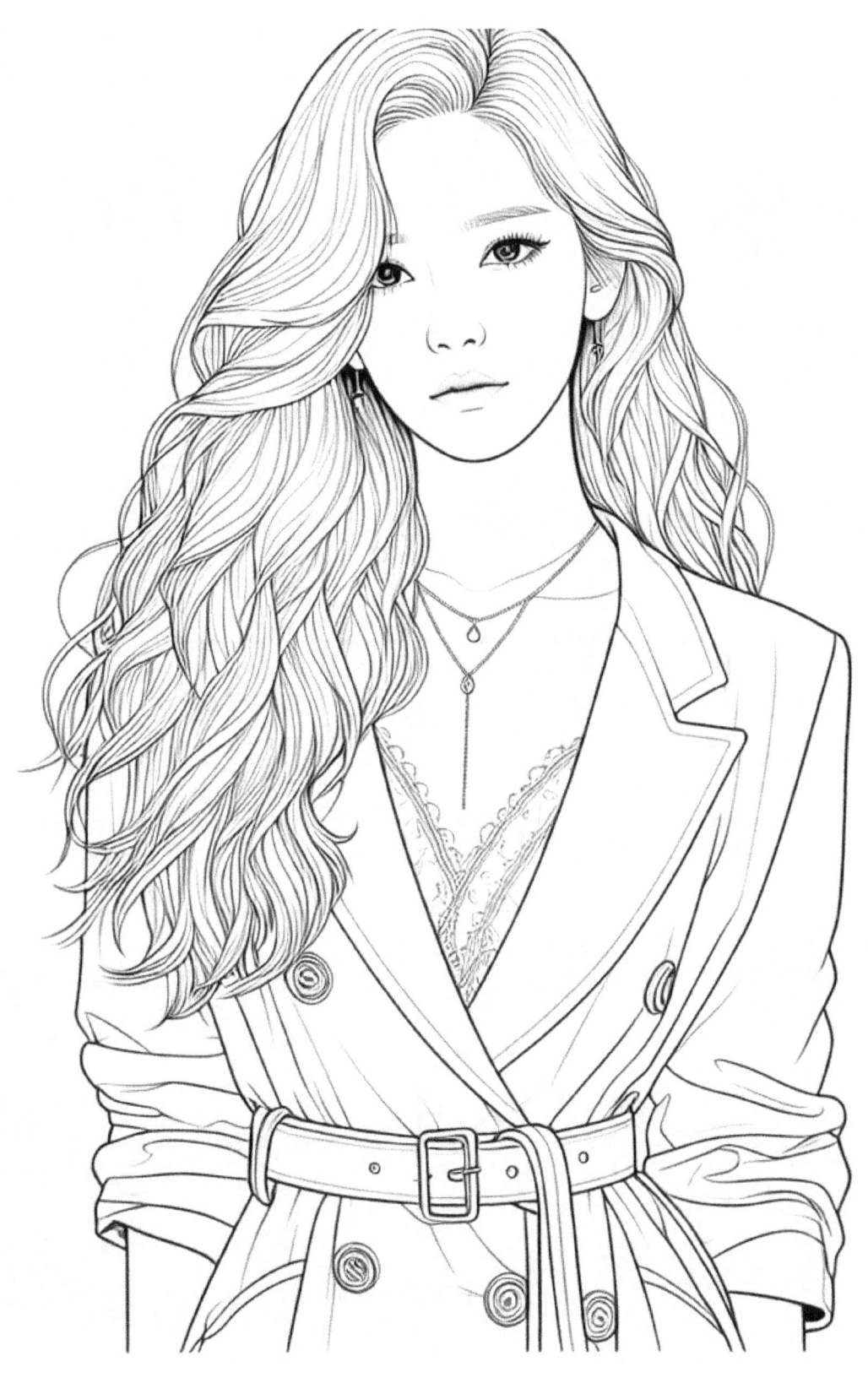

MY IDOL

SAY MY NAME :

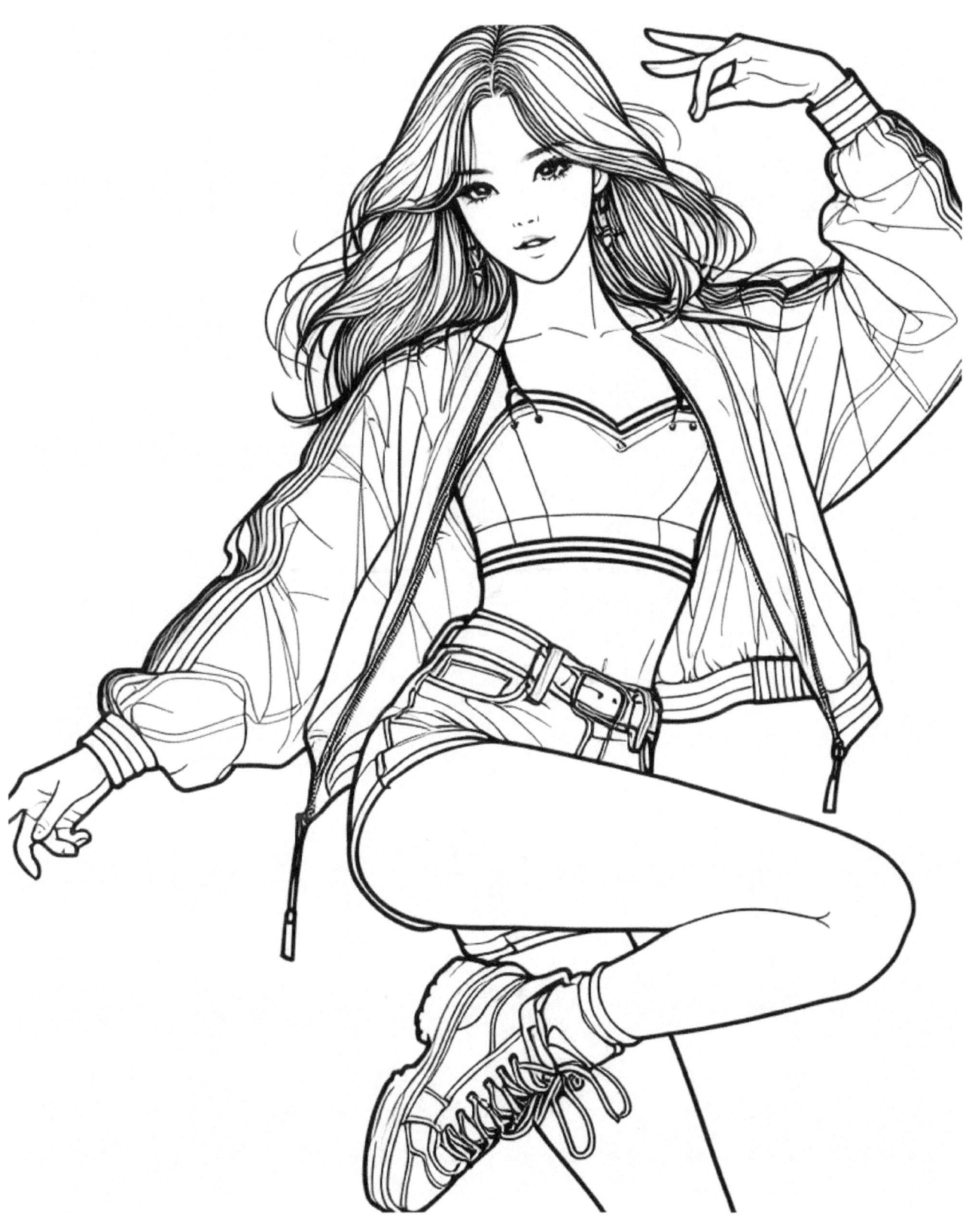

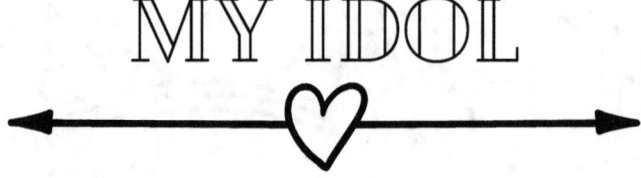

SAY MY NAME :

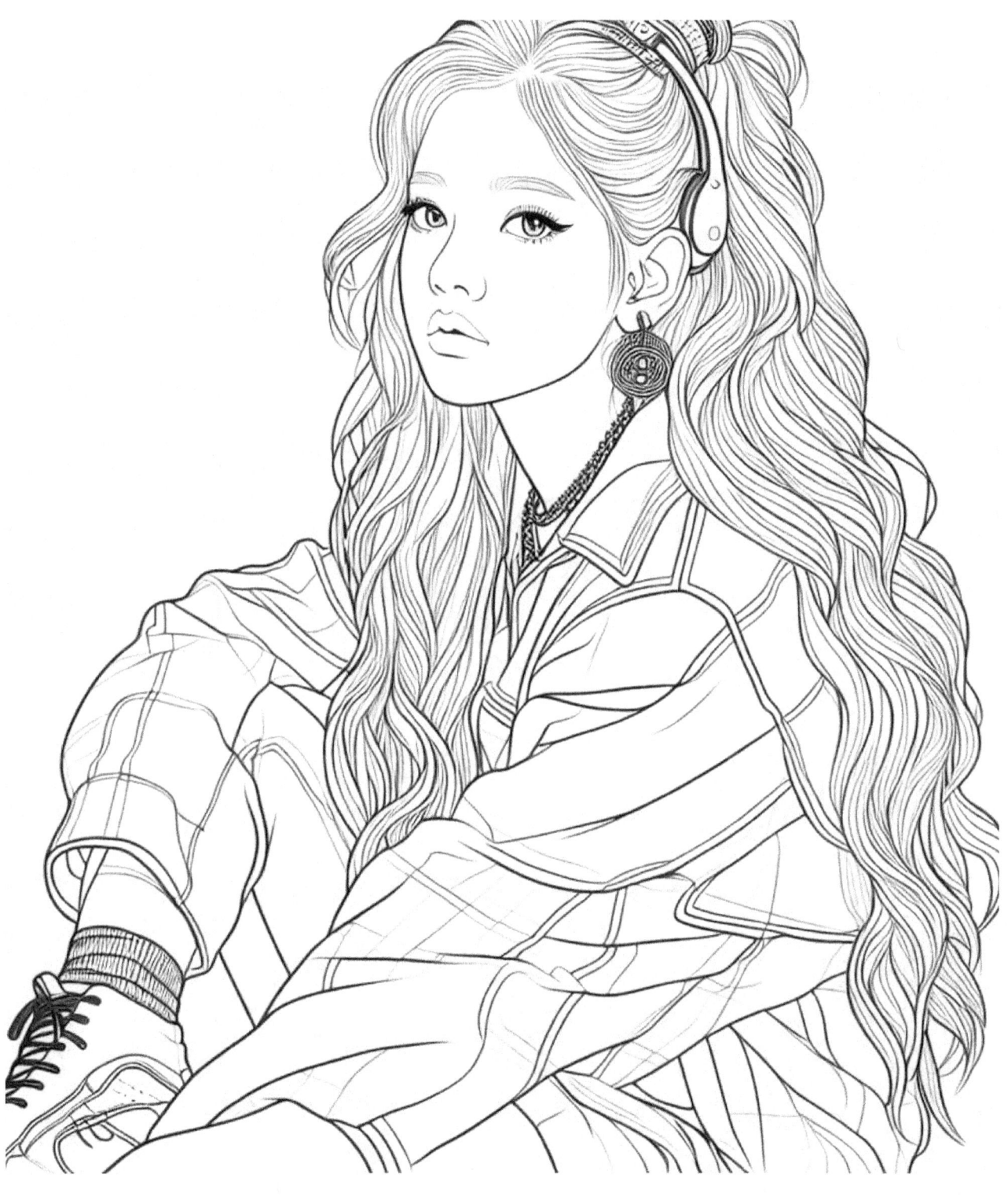

MY IDOL

www.ingramcontent.com/pod-product-compliance
Lightning Source LLC
Chambersburg PA
CBHW082212220526
45470CB00010B/3139